INTERIOR

センスにたよらない

感じて、考えるインテリア

「クリエイティブの裏側」
崇島亮
RYO TAKASHIMA

双葉社

はじめに

こんにちは。「クリエイティブの裏側」の崇島亮です。

僕は現在、フリーランスでアートディレクターの仕事をしながら、ＹｏｕＴｕｂｅの「クリエイティブの裏側」というチャンネルで、おしゃれなインテリアを作るコツや、視聴者の方からのインテリアの疑問に答える動画をアップしています。

少し自己紹介をすると、デザインに興味を持ったのは高校時代。洋楽ロックにはまった僕は、横浜や西新宿のレコードショップに通い、レア盤をあさったり、ジャケ買いにバイト代のほとんどをつぎ込みました。そして、ＣＤジャケットなどをデザインするグラフィックデザイナーという職業を知り、デザイナーを志しデザイン専門学校に進学しました。

卒業後、デザイン会社に就職し、自動車カタログのデザイナーとして働いていましたが、これがクリエイティブとは程遠い世界でした。そこで、知り合いのCDジャケットのデザインを手掛けるなど、趣味で創作活動をするようになりました。同時に、インテリアのプロダクトデザインにも興味を持つようになり、友人と家具屋巡りをしたり、アンティーク家具を集めたりしていました。

その後、デザイナーの仕事をしながら、プライベートでは築35年の中古マンションを購入。それを850万円をかけてリノベーションしました。その写真をインスタグラムにアップしはじめると、どんどんフォロワーが増え、雑誌などへの掲載依頼もくるようになりました。

それがきっかけで２０１９年９月からＹｏｕＴｕｂｅチャンネルをスタートし、チャンネル登録数は２０２１年３月に10万人を超えました。

ＹｏｕＴｕｂｅでは、インテリアがおしゃれになるコツや、たった１０００円で作れる間接照明、インテリアでスターバックスカフェの雰囲気を再現する方法など、インテリアに関するさまざまな動画をアップしています。

また、視聴者の方からさまざまな悩み相談を受けるなかで、「おしゃれな部屋」に住みたいのだけどできない、今の部屋に満足していないという人がとても多いことを知り、そのためにはどうしたらいいのか？　を追求するようになりました。

みなさんの悩みに答えていくなかで、わかってきたのは、おしゃれな部屋に必要なのは、「センス」ではなく、「数値」という客観的な手法だということでした。これがわかれば、誰でも70点の合格ラインのインテリアを作れるのです。

おしゃれなインテリア空間はセンスがないと作れないと思っている人はすごく多いのです。たしかに、センスは必要かもしれません。しかし、そのセンスとはどういうものか、「センスの正体」を知り、それを実践することで、センスがない人でも、今よりもおしゃれなインテリアを作ることができます。

これまでインテリア雑誌や、インテリアに関する本や動画を見て、自分の部屋のインテリアを試行錯誤しているものの、どうもうまくいかないという人には、理由があるのです。

それは、インテリアはセンスだと思って、誰かの提案や誰かの部屋をただ真似しているだけだからです。

おしゃれな照明、おしゃれな絵画、おしゃれなイス、おしゃれな壁紙など、おしゃれなものだけを集めても、おしゃれな部屋にはならないのです。

ではどうしたらいいか？　それに答えているのが本書です。

この本は、「センス」という感覚的なものにたよる本ではありません。また、インテリア雑誌やカタログなどのように、写真でインテリアを紹介する本でもありません。

動画では、視聴者の方から寄せられた部屋の写真に、具体的にどうすればよいかアドバイスをしていますが、100人いれば、100部屋違うわけですから、アドバイスも1人ひとり違います。

そこで、どんな部屋でもおしゃれなインテリアを作れるよう、この本では、「センスの正体」を数値化し、おしゃれな部屋を作るための考え方をお伝えしています。

例えば、これまでさまざまなインテリアを見てきた中で、センスがよいなと感じる部屋は、床面積に対して、家具の比率が30％程度です。これより家具が多いと、ごちゃごちゃしてしまいます。
　反対に、床が見えている部分が70％以上あると、ミニマリストのようなすっきりとした印象となり、やはりおしゃれというよりも殺風景な部屋になってしまいます。

　他にも、カラーの黄金比や、効果的な照明の使い方、アイテムの質感による素材の違いなど、どうすればおしゃれなインテリアになるか、その考え方や理論をご紹介しています。

　僕がこれまで蓄積してきたこれらのノウハウを実践することで、誰でも必ず70点以上のおしゃれな部屋を作ることができます。
　本書を参考にして、ぜひ、自分だけのインテリアを完成し、居心地のよい部屋を作ってみてください。

CONTENTS

Part 1

基礎編

Part

2

応用編

CONTENTS

Part 1

基礎編

Advice
01

インテリアにセンスは必要か？

シンプルなインテリアで注意する
ポイントとオシャレに見せるコツを解説

参考動画

「おしゃれな部屋に住みたいけれど、自分にはインテリアのセンスがないから無理」という声をよく聞きます。しかし、僕は、「センスの正体」がわかれば、ある程度＝70点くらいのいわゆるおしゃれな部屋は、実現可能であると思っています。

ＹｏｕＴｕｂｅで発信していることもあって「センスを磨くにはどうしたらいいですか？」とよく聞かれますが、ある程度のセンスのよさは「感覚」ではなく、「数値」で解明できるのです。もちろん、ものすごくセンスがよい人は、空間を見ただけでピンときて、「ここにはこれを置いて、照明はこんな感じで」と感覚的にインテリアのアイテムを組み合わせることができるものです。

でも、その「ピン」とくるものには、きちんと理由があるのです。僕は、その「センスの正体」を探り、数値化し、言葉にすることで、「センスがない」という人でも、同じようにおしゃれな部屋を作ることができることを応援したいと思っています。

二次元バーコードをスキャンするか、YouTubeにアクセスしてタイトルを検索してください。

センスの正体を数値化する

例えば部屋の構成要素には、以下の3つがあります。

①スペース（空間の広さ）
②アイテム（置くもの）
③カラー（配色）

この3つのバランスをよくすれば、おしゃれなインテリアを作ることができます。

これを感覚に頼るのではなく、数値化する。

つまり、数字という客観的なものさしを使えば、誰でも70点のおしゃれな部屋を作ることが可能になるというわけです。

Point

インテリアの構成要素

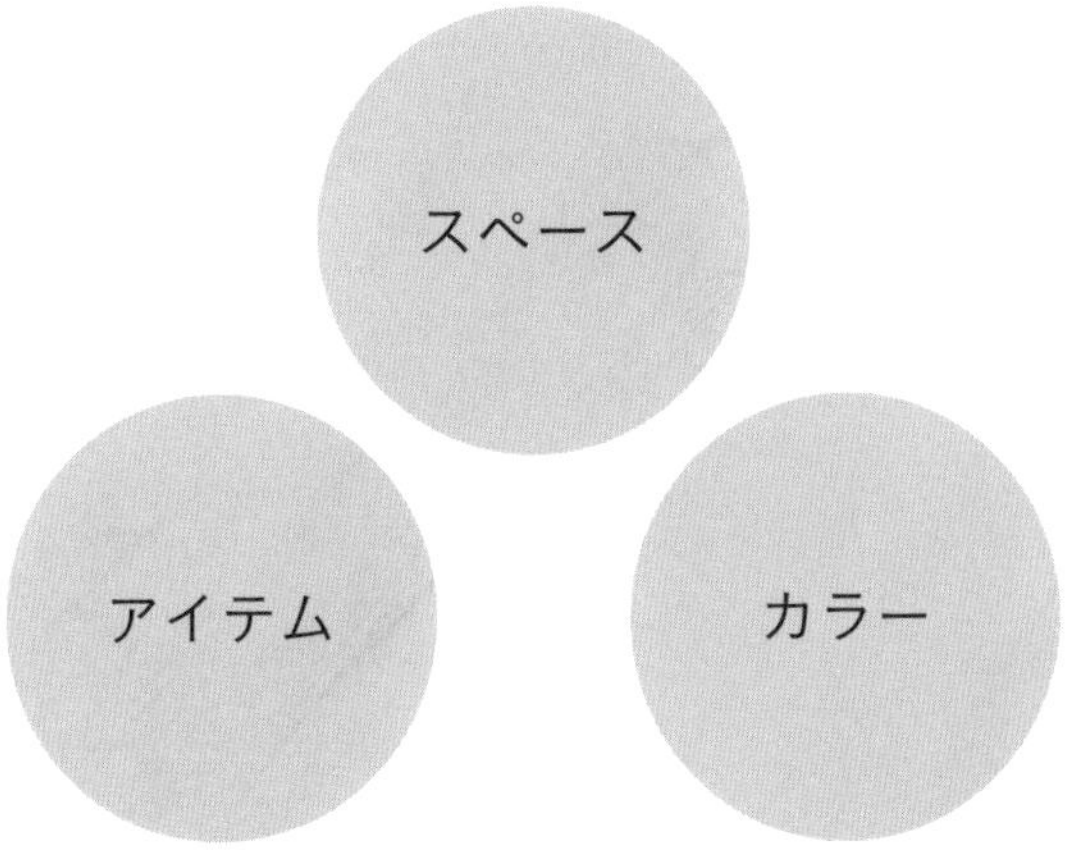

まずはこの3つのそれぞれが持つ黄金比を紹介したいと思います。

①スペースの黄金比＝7：3

これは、部屋の床面積を家具が占める比率です。僕がこれまでさまざまなインテリアを見てきた中で、おしゃれな部屋は、床が見えている部分が7割、家具が置かれている部分が3割といった比率でした。家具が多すぎて、床の見える部分が少ないと乱雑な印象になりがちです。

②アイテムの黄金比＝6：4

続いてこちらは、部屋を構成する壁や床、天井、家具といったアイテムのテイストの比率のことです。おしゃれな部屋というのは、部屋を構成するテイストのバランスで説明することができるのですが、壁や床、天井、家具などは大別するとディテールのあるものとシンプルなものに分かれます。

ディテール＝味がある、雰囲気が出るもの、シンプル＝清潔感がある、大人っぽいものと言ってもいいでしょう。

このシンプル、ディテールというのは、言い替えれば視界に入る面積の割合とも言えます。

入居時の部屋の状態がシンプル１００％であれば、そこに40％の存在感をプラスするイメージです。

この40％は、壁紙、照明、家具、ファブリックなど、部屋を構成する要素であれば、何でもかまいません。例えば、フローリング、キッチン、ブラインド、テーブルセットは木製でシンプルにし、絨毯、天井から吊り下げている照明、観葉植物などでディテールの40％をプラスするといった方法でもよいでしょう。

③カラーの黄金比＝7：2.5：0.5

このカラーの黄金比は、よく知られてい

Point

スペース、アイテム、カラーそれぞれの黄金比

- スペースの黄金比　7：3
- アイテムの黄金比　6：4
- カラーの黄金比　7：2.5：0.5

る比率です。

70%は、床、壁、天井などのベースとなるカラーで、25%はイスやテーブルなどのメインカラー、5%はクッションや雑貨など、部屋のメリハリをつける小物の色になります。

これら3つ黄金比が、実は「センスのいい部屋の正体」なのです。センスのある人は、これらの黄金比を無意識に使いこなしていますが、センスがない人でも、意識をしてこの黄金比を守ることで、センスのあるインテリアを作ることができます。

おしゃれエリアのインテリアを目指す

インテリアには、さまざまなテイストがあります。これらを、シンプルなのかディテールが強いのか、ソフトなのかクールなのかによって、左図のようなマトリクスにしてみました。

すると、マトリクスの中央のあたりが、いわゆる一般的に好まれている「おしゃれ」と言われているエリア、周辺は趣向が偏っているエリアだということがわかりました。

　そこでまずは、自分の部屋がどの辺に位置しているのかを見てみるとよいでしょう。シンプルで、優しいテイストのものが多くて野暮ったいのであれば、ディテールとクールさを足せば、おしゃれエリアにバランスをもってくることができます。

　このように、要素を増やしたり削ったりすることで、誰でもおしゃれなインテリアを作ることができるのです。

Point

インテリアのテイストのマトリクス

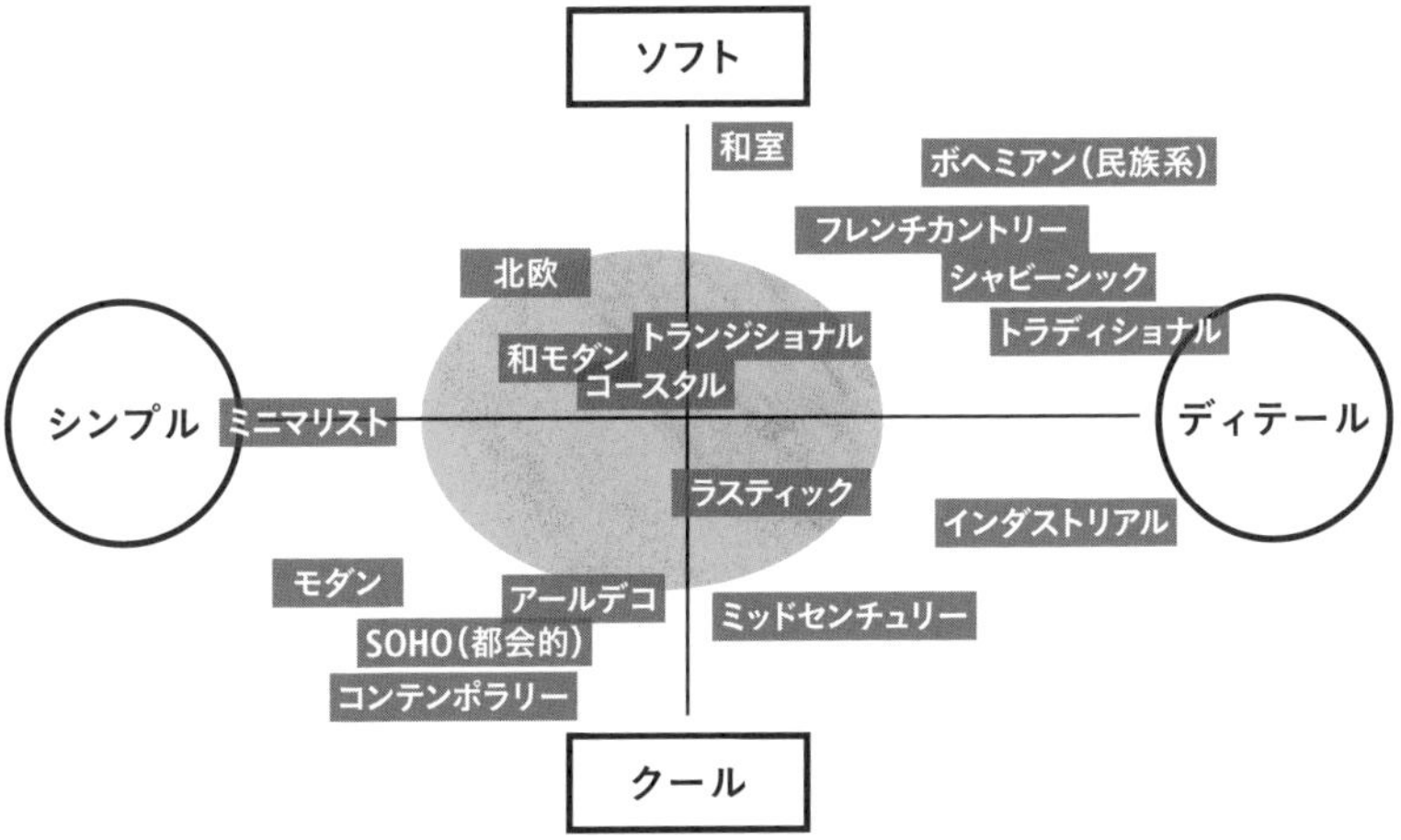

Advice
02

インテリアに大切な4つの要素❶

部屋の広さ

センスに頼らない！オシャレなインテリアにする法則をついに発見しました

参考動画

インテリアを考える上で、大切な要素が4つあります。それは以下の

①部屋の広さ
②色の組み合わせ
③光
④素材感

の4つです。

そこで、まずは①部屋の広さについて説明していきたいと思います。

インテリア雑誌やブランドのカタログ、インターネットなどで検索して出てきた画像を参考に、インテリアを作る方も多いと思いますが、実は、参考にするものによっては失敗する可能性があるので注意が必要です。

ネットで画像を検索すると、海外のとてもおしゃれなインテリアがたくさん出てきます。しかし、それが落とし穴なのです。

ヨーロッパやアメリカの建築物は、部屋が広くて天井も高く、窓も大きい部屋が一般的。それに対して日本の建築物は、天井が低くて、窓が小さい物件がほとんどです。そのため、空間が狭く、また、自然光が入らないので、暗くてごちゃごちゃとした印象になりがちです。

ですから欧米のインテリアコーディネートを見て、それを真似して日本で同じことをやると、物が密集した印象になります。参考にしたインテリアの画像では、先にお

Point

欧米の部屋との違い

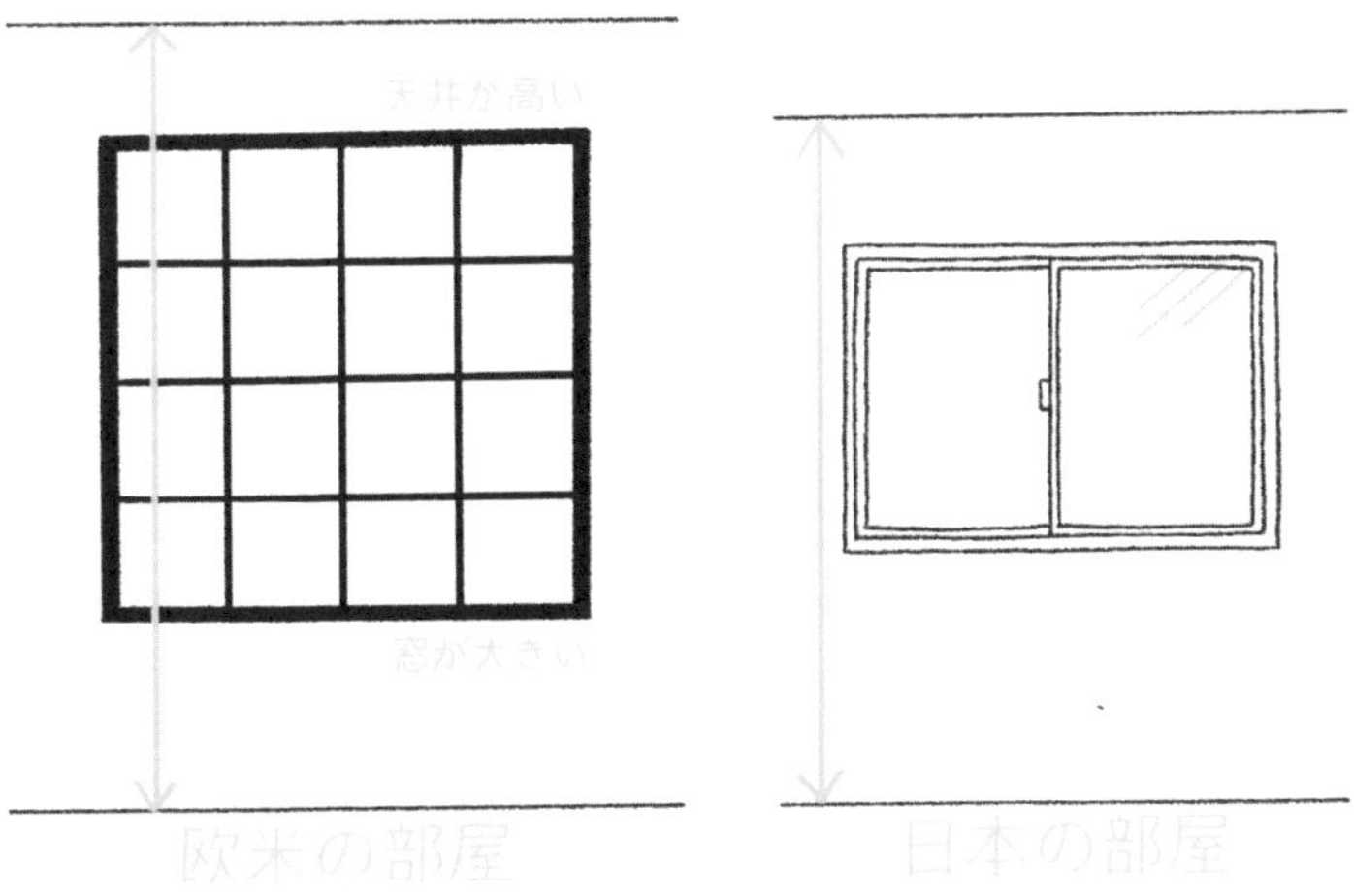

話したシンプルさとディテール感のバランスがとれていても、日本の部屋では、バランスが崩れてしまいます。インテリアのアイテムの黄金比は、シンプル：ディテール＝6：4とお伝えしていましたが、欧米の場合は、空間の広さを考慮すると5：5のバランスがちょうどよく、この割合を日本の部屋で再現してしまうと、バランスが崩れてしまうというわけです。

インテリアはブロックでレイアウトする

部屋に何も置かない状態が、一番広い状態ですが、さすがに何も置かないわけにはいきません。そこで、できるだけ普通の快適な暮らしをしながら、部屋を広く見せるにはどうしたらよいでしょうか。

部屋を広く見せるテクニックにはいくつかありますが、その1つは、ブロックでレイアウトをするという方法です。例えば、雑誌やカタログなどのデザインを見てみてください。ああいった2次元の世界では、タイトルやキャッチコピー、写真、文章や解説の部分というように、いくつかのブロックに分かれて構成されています。

インテリアにおいても、このようなブロックを意識することが大切です。これを僕は、「コーナーレイアウト」と言っていますが、用途やテーマによってブロックを作り、そのブロックごとにレイアウトをすることで、部屋を広く感じさせることができます。

例えば、テーブルとイス、その上にある照明器具で1つのブロックになりますし、シェルフの上にコーヒーメーカーとスタンドライト、観葉植物でブロックを作るなどしてもよいでしょう。家具のブロックが、部

Point

ブロックごとに完結させる

屋の中にいくつかできるという考え方です。

これは、おしゃれなカフェやショップでも、多くの店で取り入れている手法です。逆に部屋が広くても、インテリアがバラバラに配置されていると、狭く見えることもあります。

色によって部屋が広く見えたり、狭く見えたりする

部屋を広く見せるには、色も重要です。色の組み合わせについては次の項目でも詳しく説明をしていきますが、例えば、よくある内装として、床が木目調の濃い色のフローリングで、壁や天井が白い色の部屋があります。

なぜ、このような組み合わせにするのでしょうか。それは、濃い色は、重く、存在感が強いという特徴があり、明るい色は軽く、存在感が弱いという特徴があるからです。このため、床に濃い色をもってくることで、下に重心を置き、上を明るくすることで、部屋が広く見えるのです。

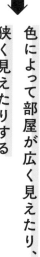

新築のマンションや、建売住宅など、一般的な住宅の場合は、床→壁→天井の順番で色が明るくなっているところがほとんどです。

そこで、自宅のインテリアを選ぶ時も、部屋を広く見せるためには、あまり暗い色ばかりを選ぶのではなく、色のバランスを考えて選ぶことがポイントになります。

ただし、部屋を広く見せることと、部屋をおしゃれに見せることは別です。部屋が広く見えても、おしゃれに見えない場合も多いので、おしゃれに見せるためには、先の黄金比を活用しながら、全体の40％にディテールのあるものを選び、適度なメリハリをつけるようにしましょう。

例えば、メイン以外の家具や壁などは、明るい色にして存在感をなくすと、よりメインの家具が目立つようになります。そうすると、目線がメインのものに集中し、より自分のこだわりの部分を見せることができます。すると結果として、全体的に部屋をシンプルに広く見せることができ、こだわりのあるおしゃれなインテリアも両立させることができます。

Advice
03

インテリアに大切な4つの要素❷
色の組み合わせ

参考動画
インテリアにメリハリをつける方法！ボヤけた印象を簡単に解決するテクニック

次は、インテリアに大切な2つ目の要素、「色」についてです。

インテリアのカラーコーディネートでは、色を大きく2つに分けて考えます。1つは、白、黒、グレーの無彩色、いわゆるモノトーンの色味です。そしてもう1つは、それ以外のカラーの色味です。

カラーとモノトーンには、それぞれ特徴があります。

白、黒、グレーなどの無彩色を使うと、大人っぽいインテリアを作ることができます。特に黒は高級感を表現することができます。

無彩色以外のカラーは、多いほどかわいらしく感じたり、楽しく感じますが、悪くいうと子どもっぽくなってしまいます。子ども部屋や、子ども向けの施設を思い浮かべてもらうとわかると思いますが、色味が多ければ多いほど、カラフルでにぎやかな空間になっています。

モノトーンとカラーのバランスをよくする

では、モノトーンでインテリアコーディネートをすればおしゃれになるのかというと、そういうわけではありません。

モノトーンでのコーディネートは、統一感があって、シックな印象のインテリアになりますが、デメリットもあります。それは、つまらない印象になる可能性が高いということです。

逆にカラーを使ったコーディネートは、使う色が暖色か寒色か、どれくらいの分量をどこに使うかによって組み合わせは無限

Point

モノトーンとカラーのバランス

モノトーン	カラー
メイン以外のもの こだわりのないもの	メインのもの こだわりたいもの
例 家電、本棚、仕事机など	例 ソファ、椅子、ラグなど

大ですが、使う色や面積が多く複雑になればなるほどとっちらかった印象になってしまいます。

このようにモノトーンとカラフルのどちらかに偏ってしまうと、つまらなくなったりうるさくなったり、どちらにしてもおしゃれな部屋を作ることができません。

そこで、大人っぽい要素と、カラフルなワクワクする部分をバランスよくとるのが、カラーコーディネートのポイントとなってくるのです。

こだわりのないアイテムは、基本的にはモノトーンで

「モノトーンとカラーのバランスがわからないからインテリアは難しい」と思う人も多いかもしれませんが、これを簡単に解決する方法があります。

ほとんどの人は、家具が必要な場合はＩＫＥＡやニトリといったショップに行き、自分が気に入ったものの中で、何となく部屋に合いそうなものを予算以内で選んで買い、家で組み立てていると思います。おそらく、インテリアコーディネートを考えて

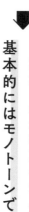

いる、というより、自分が好きなものや気に入ったものを買ってきて部屋に置いている、という部屋になっていると思います。

もちろん、そういう部屋も悪くはないですが、70点のおしゃれな部屋になっているかというと、そうとは限りません。

そこで、おしゃれな部屋にするためには、まずは「こだわりのないものはモノトーン（木製のものはナチュラルウッドなど）のものしか選ばない」というルールを決めることです。こう決めるとつまらないインテリアになってしまうのではないか？　と思うかもしれませんが、そんな心配はいりません。

僕の経験上、どんな人でもインテリアで本当に欲しいもの、どうしても欲しいものが最低でも2割はあるものなのです。そして残り8割のこだわりのないものというのは、デザインよりも機能を重視するものです。

冷蔵庫や掃除機、人によっては本棚や仕事机、椅子がそうかもしれません。

どちらでもよいものはモノトーンなどにし、本当に欲しいものは、色、デザイン、素材などが気に入って買うわけですから、それが部屋の個性になります。

8割のものを無彩色にすることで、自分が大切にするセンスや個性の部分である2割を際立たせることができます。

この2割は家具でもいいですし、観葉植物でもいいですし、照明や置物でもよいでしょう。どうしても2割以上ある、という人は、先の黄金比率にならって、こだわり部分を4割までにおさえます。

洋服でも全身真っ黒に差し色で赤のアクセサリーを足したり、スーツを着ていても靴下がおしゃれというように、部分的に楽しむのがおしゃれを完成させるコツです。インテリアでも、ベースをモノトーンにして、個性を出す部分を2割以上取り入れるようにしましょう。

色は、メリハリをつけたり中和させる役目も

ここまで、こだわりのないものはモノトーンが基本とお話をしましたが、モノトーンではないのですが、日本の家では、ライトブラウンのフローリング×ウッド系の家

具でインテリアを揃えているという部屋をよく見かけます。

これだと、床の色と家具がなじみすぎて、インテリアがボヤけた印象になりがちです。他にも、北欧インテリアを目指して、白い壁に白い同系色の家具を置いたり、統一感を意識して、壁とカーテンとラグを同じ色にすることもあると思いますが、このように同じ色を揃えていくと、のっぺりとした部屋になってしまいます。

そこで、ボヤけた印象を解決するために、別の色で分断させるという方法があります。例えば床の上にラグを敷いてテーブルセットを置いたり、観葉植物や照明を壁とカーテンの間に置くといった方法です。

また、逆に、個性のあるカラーが並んでいる時は、間にモノトーンのものを挟むのがおすすめです。例えば、インテリアのアクセントとして、マスタードカラーのソファと、ネイビーのイスを置きたいという時は、間にホワイトのテーブルを置きます。こういったテクニックは上級者向けですが、このように間にモノトーンを挟むことで、マスタードとネイビーがぶつかりあうことなく、なじませることができるというわけです。

Advice
04

光

インテリアに大切な4つの要素❸

参考動画

インテリア照明を操る法則を見つけました一人
暮らしでもオシャレになれるシンプルな2つの考え方

僕は、夕方の日が沈む間のマジックアワーと言われる時間帯がとても好きです。美しい空が見え、建物の窓に反射して映り込んだ太陽の感じがとても雰囲気があって好きなので、最近西向きの部屋に引っ越しをしました。

また、例えば同じ桜並木でも、お花見のシーズンは夜に桜をライトアップしたり、クリスマスシーズンになると並木道をイルミネーションで飾り付けして美しく見せたりします。そうすると、その時々でとても印象が変わります。

このように、同じ場所で同じものを見たとしても、光の演出によって印象が一気に変わります。それくらい光は、インテリアの印象を大きく左右するものなのですが、「自分はインテリアのセンスがない」と思っている人は、たいてい、この「光」についての意識が無頓着だったりします。

光は、家具同様、部屋を構成する大事な要素

部屋を構成する要素は、大きく分けて以下の3つがあります。

①内装
②家具
③照明（光）

内装とは、壁や床などをさします。家具はイスやテーブルなど配置するもの。そして3つめの照明は、光です。照明器具も当然含まれますが、自然光も含まれます。

インテリアを変えようとすると、①、②、③の順で費用と手間がかかります、つまり

Point

部屋を構成する要素

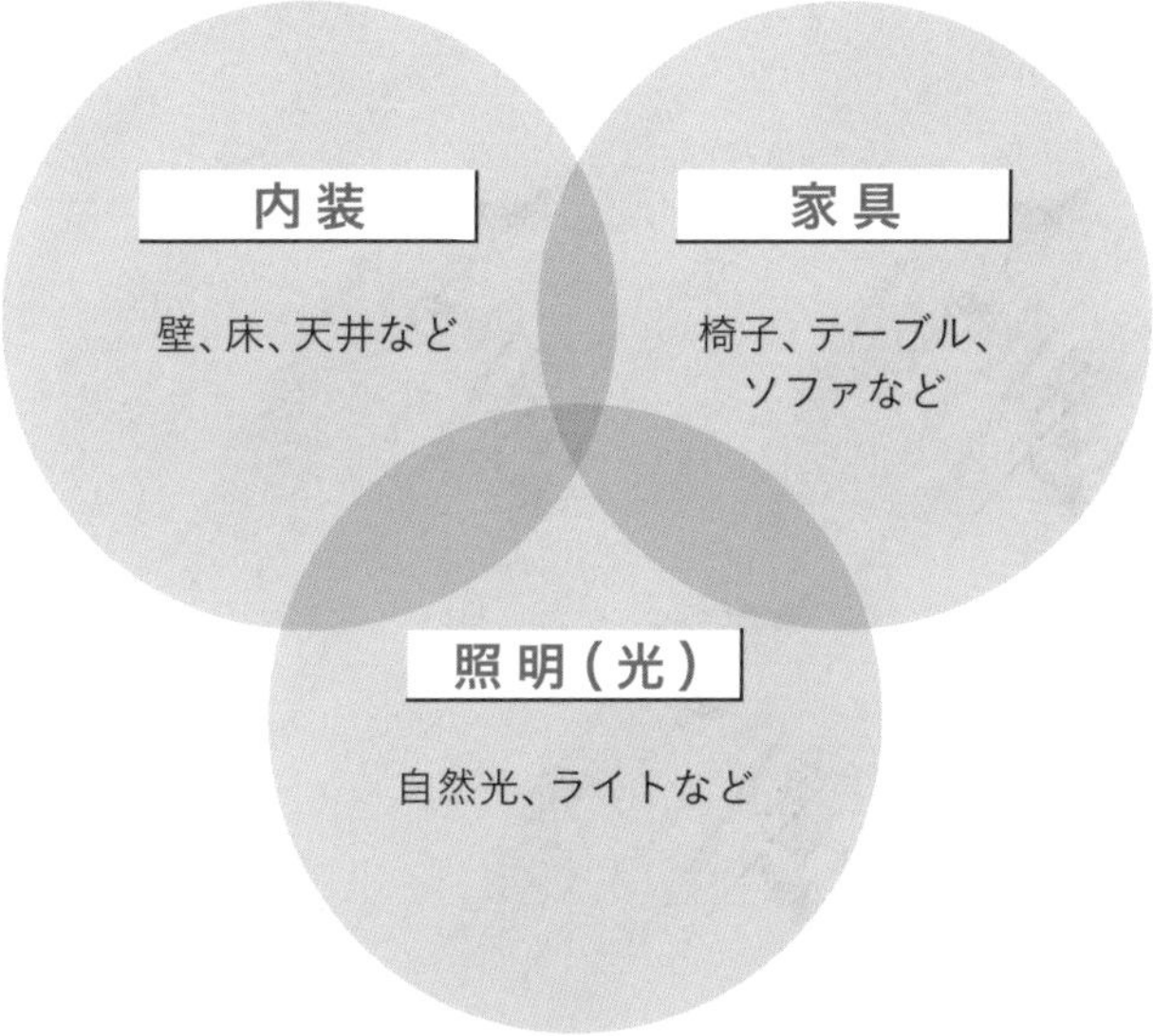

逆を言えば、安価な照明でおしゃれな部屋を完成させることができるのです。

照明については、応用編で詳しく説明していきますが、ここでは光の大原則をまずご説明したいと思います。

光のあたり方には3種類ある

対象に対する光のあたり方は、大きく分けて以下の3つがあります。
①順光
②逆光
③サイド光
順光とは、対象の正面から当たる光のことです。逆光とは、対象の後ろから当たる光のことです。サイド光とは、対象の横からあたる光のことです。

そして、室内が一番きれいに見えるのは、サイド光です。僕は、動画の視聴者の方から、「理想のインテリア」というテーマで写真を送ってもらったことがあります。これらの写真を分析すると、すべてサイドからの自然光を上手に取り入れていることがわかりました。

　サイド光がいいのには理由があります。肉眼で見えているものは、すべて光と影で認識されています。

　例えば、順光で撮った写真を思い浮かべてみてください。目、鼻、口と、すべて明るく見えますが、証明写真のような、無難な写りになります。

　いっぽう、逆光で撮った写真は顔が暗くて表情がわかりません。しかし、横から光

Point

逆光、順光、サイド光

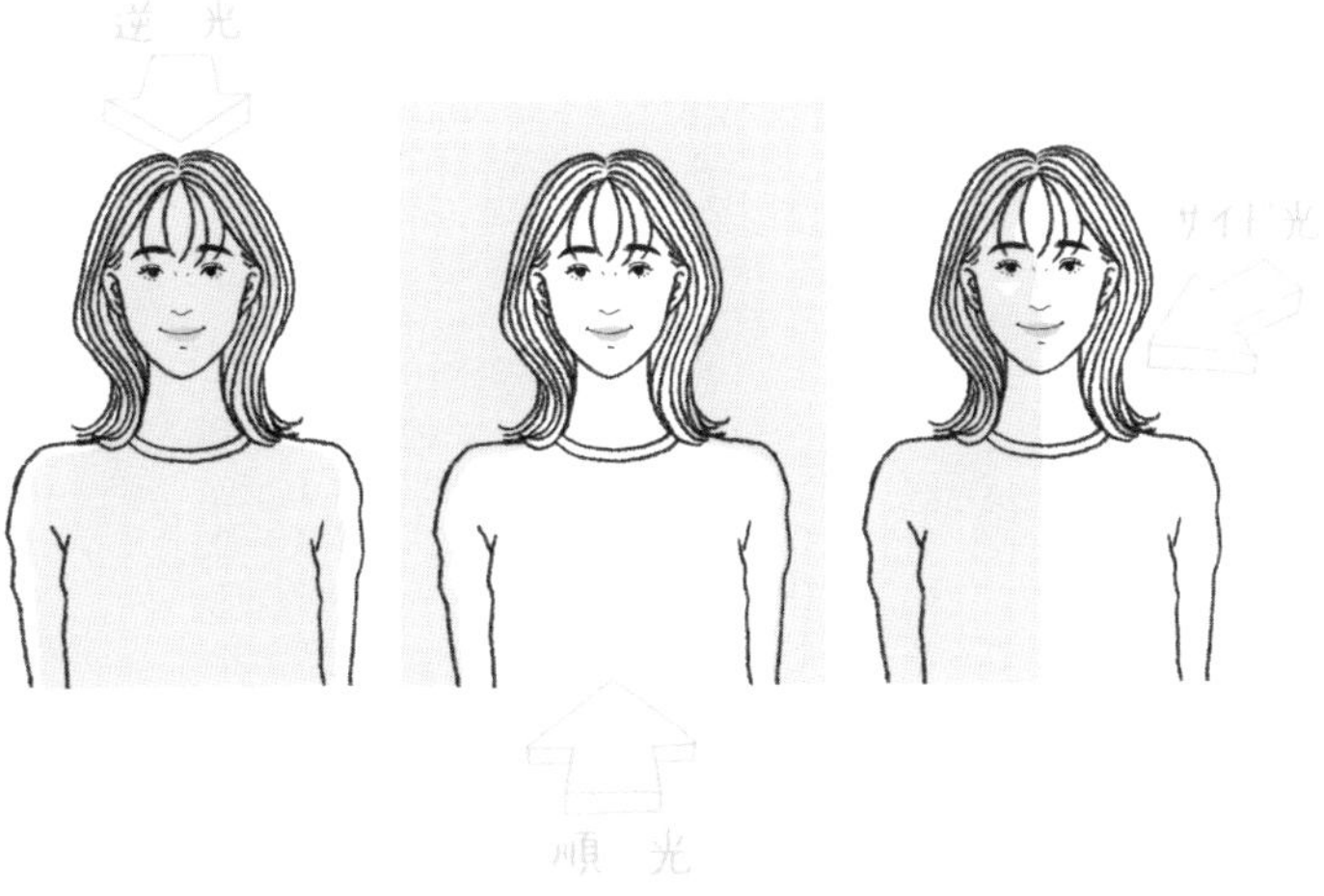

をあてて撮った写真は、片側が明るく写り、反対側は暗くなるというように、陰影ができるので、立体的に見えます。

また、料理写真は、被写体のサイドと奥の中間に光源を作ります。このように斜め後ろから光をあてると斜め手前に影ができて、素材感が出ます。

インテリアも同じです。

例えば、部屋の主役をソファとした場合は、ソファの正面ではなく、光があたる位置に置くと、陰影ができて立体的で雰囲気がよくなります。

インテリアは、ブロックでレイアウトをするとお話をしましたが、この時に、自然光の位置を意識するとよいでしょう。

家の間取り図を意識する

例えば、メインとなる家具をソファとした場合は、窓に対して垂直の位置に置きます。そうすると、横から光があたり、おしゃれな空間を作りやすくなります。

もし、サイド光の場所が難しい場合は、後ろから光があたる逆光の位置に置きます。つまり、窓を背にしてソファを置きます。それも無理な場合は、真正面の光である順光があたる場所に置きましょう。順光は、光が正面からあたり均一に見えるので、あまり風合いがでません。このようにメインの家具を配置する場合は、サイド光→逆光→順光の順番に考えるようにしましょう。

また、家を購入したり、賃貸で引っ越す時には、間取り図で窓の位置をチェックしてみてください。例えば、細長い部屋でも、窓が長辺にあるのか短辺にあるのかで、おしゃれな空間を作りやすくなるか、作りづらくなるかが変わってきます。

長辺に窓があれば、部屋全体に自然光が入るのでサイド光でレイアウトもしやすいですが、短辺に窓がある場合は、奥まで光が届かず、サイド光でレイアウトできるスペースも限定されてます。もちろん、こういう部屋でも、フロアランプやテーブルランプなどで光の演出をすることはできますが、賃貸の場合は、窓の位置なども参考にして部屋を借りると、おしゃれな部屋が作りやすくなります。

Advice
05

インテリアに大切な4つの要素❹

素材感

インテリアを考える上で、意外とみなさんが無頓着なのが4つ目のこの「素材感」です。しかし、この「素材感」が、先のアイテムの黄金比でも紹介したシンプル：ディテールに大きく関係してくるのです。

プラスチック、木、皮革、鉄など、インテリアに関係してくる素材にはさまざまなものがあります。

これらのうち、プラスチックのように、表面に均一性があるものほど人工的に見え、シンプルになります。そして、皮革や布、陶器など、素材が自然にあるものに近づくほど複雑な感じとなり、味が出て、ディテールになります。

このことは、新品の服よりも古着のほうが雰囲気が出たり、使い込まれた革製品のほうが、ツヤが出て味が出るのと同じです。同じ布でも、スーツの生地のように目が細くてきれいな均一性があるものは味が出ませんが、ざっくりした編み込みのニットは味が出ます。

コットンの均一な質感のシーツはシンプルですが、ブランケットはディテールになるのも同じ論理からです。

さらに、同じ布地であっても、コットンのような生地と、シルクの生地を比べると、シルクのほうが光沢があるため、ややディテールに寄ります。ベルベッドなども表情があります。

例えば白い壁はシンプルですが、これをウッドの壁にすると、部屋全体の雰囲気がとても重く感じます。つまり壁の素材感で、部屋の雰囲気が大きく変わるということなのです。

Point

素材感で雰囲気が変わる

また、家具でも同様の差があります。例えばプラスチック製でどのアイテムも同じ型を使って作られたような商品は、複雑性があまりありません。逆に言えばこういったアイテムはすっきりして均一性があることで、シンプル寄りになると言えます。

とはいえ、新品の家具だけでそろえると、あまり雰囲気のない感じになり、逆に全部アンティークにすると、ただの古い部屋になってしまうので、ここでもおしゃれに見せるにはバランスが大事です。

このように、インテリアを選ぶ時は、素材によっても雰囲気が変わることを知り、素材感のあるものと、シンプルな割合のものを、6：4か、7：3ぐらいにするのが、バランスのよい部屋にするポイントです。

質感にこだわるなら本物を使うのも手

机など木目をプリントした家具というのはけっこうありますが、こういった素材使いは、安っぽく偽物に感じます。木なら木で、本物の木を使っているものを選ぶか、人工のものであるなら、もともとの素材の質感のまま、白や黒などフラットなものを使うといいでしょう。

例えばアンティークの椅子を購入し、そこに木目のプリントのテーブルなどを合わせると、そのギャップがすごく大きく感じられてしまいます。

また、観葉植物を入れるのであれば、フェイクグリーンは置かないほうがいいでしょう。

しかし、全部のインテリアを高級にしなさいと言うわけではありません。安くても本物を使おうということです。

また、バランスも大切です。例えば、料理で言うとマックのハンバーガーは、グルメバーガーに比べて肉やバンズ、すべてがチープですが、全部グレードを揃えているのでバランスがとれています。もし、マックのハンバーガーにジューシーな高級なパテを入れたら、パンがおいしくなく感じるでしょう。

このようにインテリアにもバランスが大事なのです。

COLUMN

「センス」とは一体何か？

この本のタイトルは『センスにたよらない　感じて、考えるインテリア』です。つまりセンスにたよらなくても、70点のセンスのいい部屋を作るためにはどうしたらいいか？について書いたのが本書です。

では、そもそも一体「センス」って何なのでしょうか？

僕たちは、よく会話の中で「あの人は（洋服の）センスがいい」「彼は音楽のセンスがある」といったふうに「センス」という言葉を使います。でも実は、その実態を知らない人がほとんどなのではと思います。

僕は、そもそも「センス」とは「感覚」だと思っています。つまり洋服に関する「感覚」、音楽に関する「感覚」、そしてインテリアに関する「感覚」。それが優れている人がセンスがよい、と言われるのではないでしょうか。具体的には、洋服についていえば、洋服を選ぶときのシルエット、素材の組み合わせなどが上手、そしてそれが本人の雰囲気と合っていればさらにセンスがよい、ということになります。音楽なら演奏はもちろん音を聞きわける技術やリズム感。そういったものが人より優れていればセンスがいい、となります。

インテリアなら、空間の把握、家具選びにおけるテイストやサイズ感や素材感の把握、そういったものが人より優れているとセンスがいいとなるのではないでしょうか。

そしてもちろんセンスとはもって生まれた能力が大きく影響しているとは思いますが、小さいころから洋服が好き、音楽が好き、インテリアが好きというのも大人になったとき、その人の持つ「センス」に影響してきます。ですから、センスにたよらないことも大事ですが、自分の好きなことに関してはセンスを磨く事も大事だと思うのです。

Part 2

応用編

Advice
01

暮らしやすさをイメージする

参考動画
うまくいかない部屋の対処法。部屋を魅力的にする個性の出し方

応用編では具体的な部屋作りの方法をお伝えしていきたいと思いますが、一番大事なのは、基礎編でもお話しした通り、自分がどういった部屋であれば過ごしやすいかというイメージをすることです。

例えば、リビングのインテリアを考える時に、大画面のテレビを置き、その前にローテーブルとソファを置くというのがステレオタイプになっています。ショールームでも、ドラマでも、リビングには、この3点が必ずありますが、自分にとって、ソファ、ローテーブル、テレビの3点セットが本当に必要か？　もう1度考えてみてもいいと思います。

自宅は、一番リラックスしていたい場所でもありますし、どの部屋がどのようなインテリアで、どういった動線がいいかは、人によって違います。

例えば映画を見るのが好きな人は、モニターが必要だとは思いますが、それがテレ

二次元バーコードをスキャンするか、YouTubeにアクセスしてタイトルを検索してください。

ビである必要もありませんし、ソファも必ずしも必要ではないでしょう。ちなみに我が家のリビングには、テレビもソファもありません。

他にも、ソファがなくてもビーズクッションがあれば十分という人もいますし、ダイニングテーブルは不要ということで、小さめのソファとローテーブルで生活している人もいるでしょう。

一般的な世間の部屋作りのイメージに縛られずに、自分のライフスタイルをベースに考えてみることが重要です。

Point

自分の生活の中心を考える

自分の生活の中心は何かを考える

コロナ禍で自宅にいることが増え、ライフスタイルが大きく変わったという人も多いはずです。

仕事を在宅でするようになったとか、ジム通いをやめて部屋にトレーニング機器を置いたとか、料理が趣味になって、その延長で食器集めをするようになった、観葉植物やアクアリウムに興味が出てきたなど、いろいろな声を聞きます。そうなれば、当然、暮らしやすい部屋というものも変わってきます。

そこで、自分にとって、どのような暮らし、どういう空間が生活しやすいか、改めて考えてみてください。

自分が暮らしやすいインテリアを考える

僕の場合は、２０２１年のはじめに引っ越しをしてから、ダイニングテーブルが生活の中心になっています。そこで、テーブルを通常のダイニングで使うサイズよりも広いものにして、何でもできるような空間にしています。本を読んだり仕事をしたり、もちろん食事もここでします。

ノートパソコンやｉＰａｄのようなタブレットを持っている人も多いと思いますが、テーブルが広いといろいろと作業ができます。

また、料理好きの方や主婦の方は、リビングで過ごすよりもキッチンをメインに過ごすかもしれません。

そういった場合は、キッチンにスツールや、ちょっとした本棚を置き、レシピ本などをまとめて収納しても作業がしやすくなります。

このように、自分の暮らし方、生き方を考えた上で、どういったインテリアが必要なのかを考えていくことが大切です。その上で、基礎編でお話したスペース、カラー、アイテムの黄金比に従いながら自分の納得がいくおしゃれな空間を作っていくとよいでしょう。

Advice
02

自分の描く「おしゃれ」な部屋を決める

参考動画

一人暮らしでホテルのスイートルームのようなインテリアを作る4つのポイント

自分が憧れているインテリアを作るにはコツがあります。

まず、漠然と「おしゃれなインテリアにしたい」と思っている人は、インテリア雑誌の写真、海外の映画など、「素敵だな」「まねしたいな」といったインテリア画像を集めることから始めましょう。そして、集まった画像の中で共通しているポイントは何かを分析し、インテリアを作るようにしていきます。

次の項目では、一例として「１ＬＤＫの部屋を、ホテルのスイートルームのようにしたい」という漠然としたイメージを、どのようにして具現化するのかを説明していきたいと思います。

この手法は、「北欧風のインテリアにしたい」「和モダンのテイストにしたい」「カフェのようにしたい」というような、それぞれのスタイルにも応用できますので、ぜひ参考にしてみてください。

部屋の印象を決めているものは何か？ 原因を探る

ホテルのスイートルームは、雰囲気が落ち着いていて高級なイメージがあります。しかし、その印象だけでインテリアをなんとなく作ってしまうと、うまくいきません。なぜなら、「印象」だけでは、抽象的すぎるからです。

そこでスイートルームの定義を調べ、その部屋の印象を作っているものは何かを分析し、方法論を見つけて再現をすることがポイントとなります。

スイートルームの定義を調べたところ、

Point

真似したいインテリアをみつけよう

「寝室に、リビングルーム、応接間といった他の部屋が一対になっている客室」とありました。スイートは甘い（ｓｗｅｅｔ）という意味ではなく、一式（ｓｕｉｔｅ）という意味です。定義がわかると、どういうものを作ればいいかがわかります。

次に、印象の部分を解明していきます。スイートルームのコーディネートはおしゃれで心が躍りますが、それをもたらしているのは何でしょうか。僕なりに分析したところ、以下の4つであると考えられます。

①非日常性（整頓）
②高級感（一体感、統一感）
③レイアウト（開放感）
④演出効果（主役、脇役）

1つ目は、スイートルームは非日常的空間であるということです。ホテルは自宅のインテリアとのギャップが大きいのでおしゃれに見えるのです。そこで、非日常の対立軸である日常の要素をなるべく減らしていくことが解決策の1つとなります。例えば、テレビのリモコンやゲーム機などの日常的なもの、生活感があるものは、出しっぱなしにせず収納して目につかないようにします。

2つ目の高級感を出すにはどうしたらよいでしょうか。ホテルのスイートルームは、ホテルのコンセプトがわかるフラッグシップ的な考え方で作られています。シティ系、リゾート系、明るめ、暗めなどホテルによって部屋の個性も異なります。

そこで、自分がいいと思うスイートルームの参考画像を見ながら、その部屋を再現するとよいでしょう。目指す部屋に合わせたテイストで統一感をもたせると空間の世界観が生まれ、結果的に高級感がでます。

3つ目のレイアウトですが、スイートル

Point

インテリアの参考になるサイト

ピンタレスト	https://www.pinterest.jp/
インスタグラム	https://www.instagram.com/
IKEA	https://www.ikea.com/jp/ja/
エルデコ	https://www.elle.com/jp/decor/

ームは部屋の大きさに対して、置く物の割合が少ないもの。狭い部屋にベッドやテーブルを詰め込むと、家具の割合が多くなるのでビジネスホテルのような空間になる可能性があります。

とはいえ、広い部屋にはなかなか住めないので、ポイントで広々と感じるコーナーを作るなど、スイートルームの一部を切り抜いて再現するとよいでしょう。

4つ目の演出ですが、スイートルームは間接照明を多用し、優しい光で空間を演出しています。また、窓が大きいのも特徴です。東京やニューヨークであれば窓から都会が一望できるので、インテリアもそれに合わせたスタイリッシュなものを選び、ハワイやモルディブなどのリゾートホテルであれば、インテリアもリゾート系を意識します。全部取り入れるのは無理だとしても、テイストの一部を真似して取り入れるなど、工夫をするといいでしょう。

⬇分析した印象を自分の部屋で再現する

では、実際に普通の1LDKで、これらの項目を再現する場合は、どうしたらよいでしょうか。まず1つ目は物をできるだけ少なくして、必要な家具以外は置かないようにすること。2つ目は、アイテムの統一感。床の色と家具の色、カーテンとベッドのシーツの色などをそろえます。ファブリックはシワになりにくい素材のほうが高級感が出ます。3つ目は、何も置かない空間を作ることです。スペースが足りなければソファをあきらめるなど、バランスをとりましょう。4つ目は間接照明やスタンドライトを配置します。これら4つの要素を実践することで、1LDKの部屋でも、かなりホテルのスイートルームに近づきます。

この方法論は、「北欧風にしたい」という場合でも同じ。北欧は日照時間が少なく、室内で過ごす時間が長いのが特徴です。そのためインテリアは優しい雰囲気、楽しそうな空気感、幻想的なイメージを大事にしながら、「シンプル&機能美」がキーワードになっています。ですから、そういった要素を自分の部屋に落とし込んでいきます。

Advice 03

いい部屋を見て1つのアイテムだけを真似するのは危険

参考動画
ＩＫＥＡ？ニトリ？失敗しないインテリアアイテムの選び方のコツ

インテリアのカタログや、ＩＫＥＡのショールームなどで家具を見て、一目惚れして買ったけれども失敗したという経験は誰にでもあると思います。

株式会社アスマークが行った購買行動についてのアンケートによると20～50代の対象者全体の7～9割が衝動買いをしているというデータもあったほどです。

これが食品や洋服であればちょっとした失敗で済みますが、インテリアで失敗すると、サイズが大きいアイテムも多いため、使うしかないので後悔する可能性が高くなるわけです。

では、どうすれば後悔しないインテリア選びをすることができるでしょうか。ほとんどの人は家具などを購入するときに、店頭で「あ、これいいかも」という感覚だけでものを選んでいて、自分の部屋のインテリアに、どういうものが合うかということをきちんと考えていないのです。

インテリア選びは洋服選びと同じ

しかし、インテリアの組み合わせがうまい人は、自分の部屋に何が足りないか、ベースの色は何かといったことを考えてアイテムを選んでいます。そして、いくら気に入ったとしても、自分の部屋に合わなければ買わないという選択をしています。

例えば、洋服を選ぶ時を考えてみてください。洋服選びの上手な人は、自分のクローゼットの中の洋服をすべて把握し、洋服を買う時に、自分の手持ちのものを思い浮かべながら、このトップスはあのボトムス

Point

1アイテムだけ真似するとそれが浮いてしまう

に合うとか、この靴はあの服に合うというように、常に組み合わせを考えています。また、「痩せたら着られる」と、自分に合わないサイズを買うこともありません。

インテリアも同じです。まずは自分の部屋を思い浮かべ、部屋のどこに置くのかを考えます。その際にサイズ感もしっかり把握していれば、1人用のソファがぴったりのスペースなのに、大きめのソファを買ってしまい部屋のバランスが崩れるということもありません。目の前にある1つのアイテムだけを見て、すごく欲しいと思っても、自分の部屋に合うのか、サイズ、色、素材感などを吟味する習慣をつけましょう。

物を買う時の価値基準を明確に

このようにアイテムを選ぶ時は、衝動買いではなく目的を持って買うことが大切ですが、僕がこれ以外にも基準として考えているのが商品価値です。

商品価値は、「デザイン」「品質」「機能性」の3つで構成されています。

インテリアのアイテムには、本棚、ベッド、椅子、家電など、さまざまなアイテムがありますが、その商品がこれら3つの商品価値の中で何を重視しているのかを考えることです。

例えば、ベッドは品質によって寝心地が変わるので、一番に優先すべきは品質です。一方で、食器は品質も機能も、それほど大差はないので、デザイン重視で買ってもいいと思います。

この3つの価値がすべてそろうと、商品は高額になる傾向になりますが、この3つをものさしにして、そのアイテムで何を重視したらよいかを考えると、買い物の失敗が少なくなります。

Point

買うときの価値基準

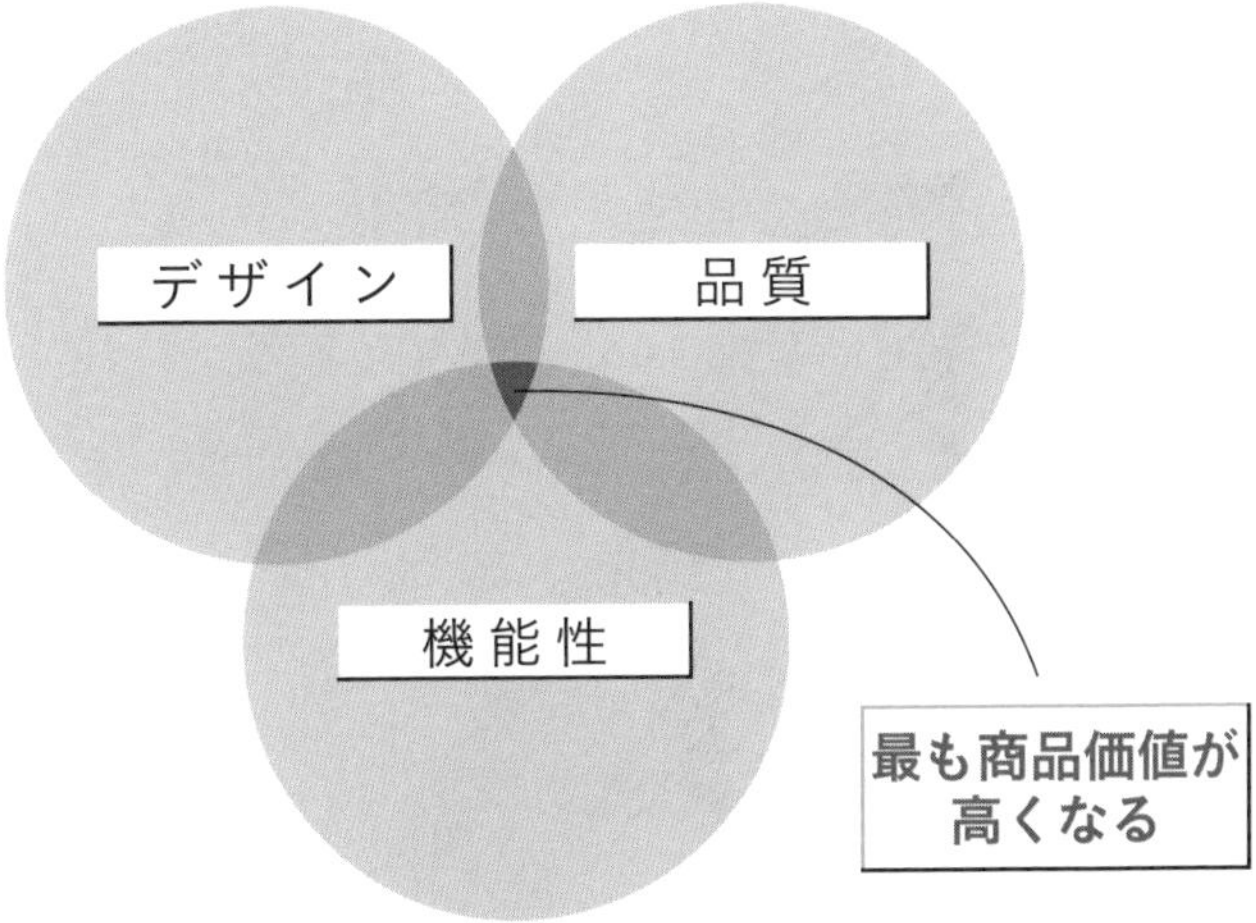

Advice 04

部屋が位置する方角を考慮する

参考動画

オシャレなインテリアになれる賃貸物件の選び方！間取り図を見ただけで分かるコツ！

一般的にはリビングが南向きの部屋が人気ですが、部屋の位置する方角が、どれがいいかは、自分のライフスタイルや好みにもよります。昼間は仕事で部屋にいない人は、リビングが南向きでなくてもいいでしょうし、夜型で朝はゆっくり寝ていたい人は、朝陽がまぶしくない部屋を寝室にするなど、人それぞれに合った方角があります。

そこで、方角による特徴を抑えておくと部屋選びの参考になります。

西向きの部屋は、午前中は暗く、冬の時期は寒いですが、午後は西日が入ってきます。夏は眩しいですが、冬は太陽が低いので、午後の2時か3時ぐらいになると、夕方のオレンジ色の太陽が日の出のような感覚になります。そして、夕日が落ちるマジックアワーが見られるのは西向きの部屋だけです。

東向きの部屋は、朝陽が入ります。東向きに寝室を置くと、冬はいいですが、夏は5時ぐらいから朝日が入りまぶしいという場合も。東向きは午前中の日当たりは抜群です。

南向きの部屋は、冬でも日当たりがよくて暖かく、植物もよく育ちます。しかし夏はカーテンで遮光しないと日差しが強く、エアコン代がかさむというデメリットがあります。

北向きの部屋は、直射日光があたらないので、光が安定しているのが長所です。

また、部屋の位置する階数や近隣のビルによっても、陽の入り方に差があります。

それぞれメリット、デメリットがあるので、方角や階数による違いを知った上で、自分の生活に合った部屋を選びましょう。

Point

部屋の向きと日当たりの関係

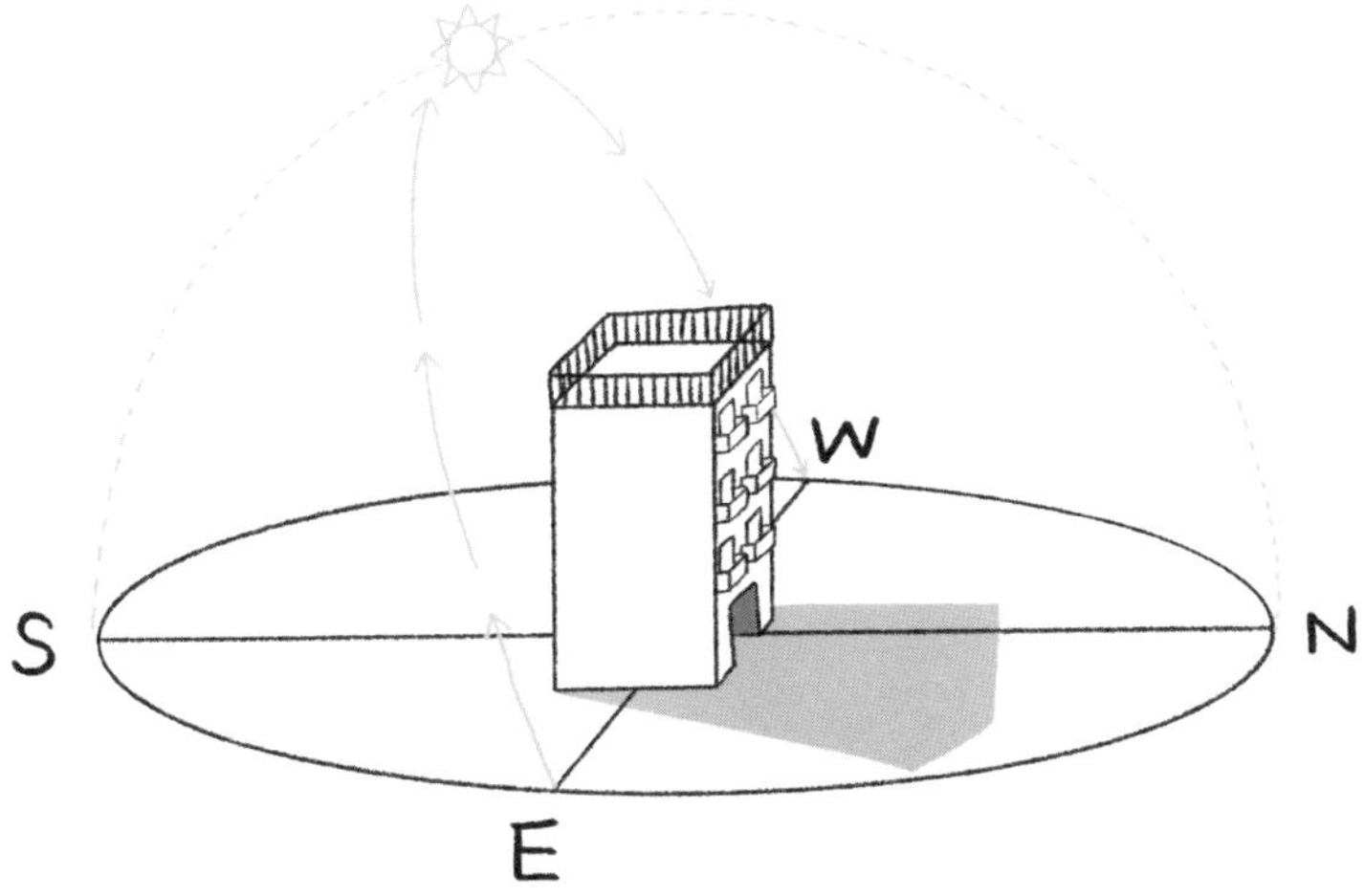

Advice 05

インテリアは予算内でメリハリをつける

インテリアアイテムを買う時に、予算を決める人も多いと思いますが、お金をかけるところにはかけて、かけないところは抑えるというように、メリハリをつけるのが得策です。失敗しがちなのは、中途半端なアイテムにお金をかけて、メインのアイテムへの予算が削られて、全体のインテリアも中途半端になるというパターンです。

例えば先日、僕はＩＤＥＥでダイニング用に5万円ぐらいする照明を買いましたが、いつもはむしろ安いものを設置しています。つまり、演出するための照明と、明るさを作るための照明とで分け、演出のための照明にはお金をかけますが、照度を確保するための照明にはお金をかけないようにしているのです。他にも、テーブルとイスにはお金をかけましたが、床や壁紙はＤＩＹで安く張替えました。

距離感の近いものは高く
自分から遠いものは安く

また、同じ壁紙でも、あまり目に入ることのない床の壁紙は安いものにし、自分から距離の近い壁はいいものにしました。

このように、目線に近い物や手に触れるものは、できるだけいいものを買いたいというのが僕の考え方です。

他には1脚7万円のイスを2つ、5万円ぐらいのイスを2つ買いましたが、デザイン性が高く品質のよいイスは二次流通が多く、万が一不要になっても売ることが可能というメリットもあります。

Point

お金の使い方にはメリハリを

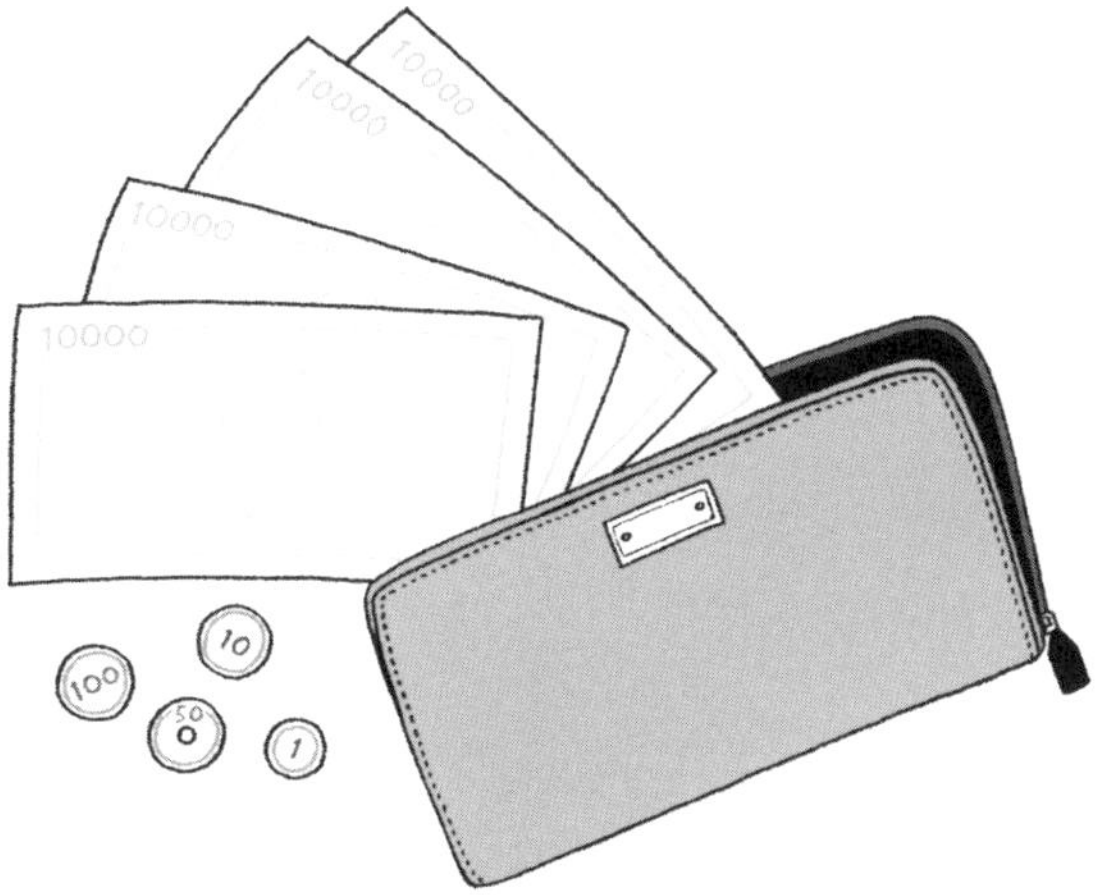

Advice
06

家族や友人と住む時には ルールを決める

1人暮らしであれば、自分の好きなようにインテリアを作ることができますが、誰かと一緒に住む場合は、そういうわけにはいきません。もちろん、誰と住むか、どういう間取りかにもよりますが、基本的にはインテリアのルールを決めることが大切です。例えば、リビングが中央にあり、各部屋が両サイドにある場合などは、個人の部屋と共有部分を分けることができます。その際に問題となるのは、リビングやキッチンなどの共有部分です。

複数人で住む時に、キッチンに赤い冷蔵庫を置いたり、黄色のソファを置くなど、いろいろな色が入ってくると、すごくごちゃごちゃして落ち着かない印象になります。そこで、28ページでお話をしたように、こだわりのないものは、すべて白・黒・グレーに決めると、誰かが何かを買ってきたとしても失敗しづらくなります。

相手との距離感を考える

他に誰かと一緒に住む際に気を付けることとして、相手との物理的な距離感があります。ダイニングのテーブルやソファなど大きな家具を選ぶ時も、リビングで自分のスペースが確保できるかどうかを考えましょう。

例えばテーブルで食事をする時、対面で相手が近すぎると、落ち着かない人もいます。これらの感覚は、同居人との関係性や、個人の性格にもよります。お互い居心地がよい距離感を取れるものを選びましょう。

Point

誰と住むかでインテリアも変わってくる

Advice
07

失敗しないアイテム選びとは

これさえ守れば70点のインテリアが作れる5つのポイント

参考動画

ここまでインテリアのアイテム選びについて、いろいろと説明してきましたが、まとめると失敗するパターンは、以下の5つになります。

①無計画に家具を購入する。
②固定概念にとらわれている。
③テイストが合っていない。
④サイズが合っていない
⑤色が合っていない。

そこで、アイテムを選ぶときは、これらの失敗要因と反対のことをするように気を付けます。

そのためには、まず部屋に何が必要なのかを理解する必要があります。インスタや素敵なインテリアを見て、「これが欲しい」と選んでいるものは、1つひとつはよくても、それらを混ぜてしまうとバラバラのテイストになる可能性もありますから、よくテイストを合わせることも重要です。

何も考えずに集めると色が合っていなかったり、イスは北欧、テーブルはミッドセンチュリー、ソファはコンテンポラリーと、ちぐはぐになりがちです。そこで、まずはテイストのベースを決めます。

また、テレビ、ソファ、ローテーブルのセットが必要とか、壁紙は白が無難だといった思い込みもなくしましょう。

そして部屋に対する家具の占める割合を考え、詰め込みすぎずに空間を作ることを意識してください。

Point

家具選びはよく考えてから

Advice 08

いい部屋には主役がある

シンプルなインテリアで注意するポイントとオシャレに見せるコツを解説

参考動画

インテリアを作る上で、一番大事なポイントは、主役を作ることです。インテリアで失敗をする人を見ていると、メインのものがない部屋がほとんどです。テレビ、ソファ、イス、テーブルなど、なんとなく集めてしまっているのが原因なのです。「こういうインテリアにしたい」というゴールを決め、そのゴールに向けたこだわりのアイテムがあると、インテリアがぼやけることはありません。

とはいえ主役を、何か１つのアイテムにしてしまうと、模様替えをした時にバランスが崩れたりします。そこで、主役はアイテムというよりもエリアとして考え、そのエリアを主役にするとよいでしょう。

もちろん、ここで大前提にあるのは、自分がまず部屋をどのように使いたいのかということです。料理を楽しみたい、映画を見ながらソファでリラックスをしたい、友人を呼んで一緒に食事をしたいというように、その人によって趣味や目的は違いますから、当然、選ぶ主役も人それぞれです。

目的に合った主役を選び、後は脇役として、主役が映えるように意識をすると、部屋がいっきにおしゃれに近づきます。

主役を置く場所を決める

では、実際にどうやってメインのエリアを作っていけばよいか説明していきます。

まずは、メインエリアの場所を決めます。34ページでもお話をしましたが、メインのエリアは、インテリアが一番きれいに見える横から自然光が入る場所がおすすめです。

次に、自分のインテリアの中で、メイン

Point

何を主役にするかをまず決める

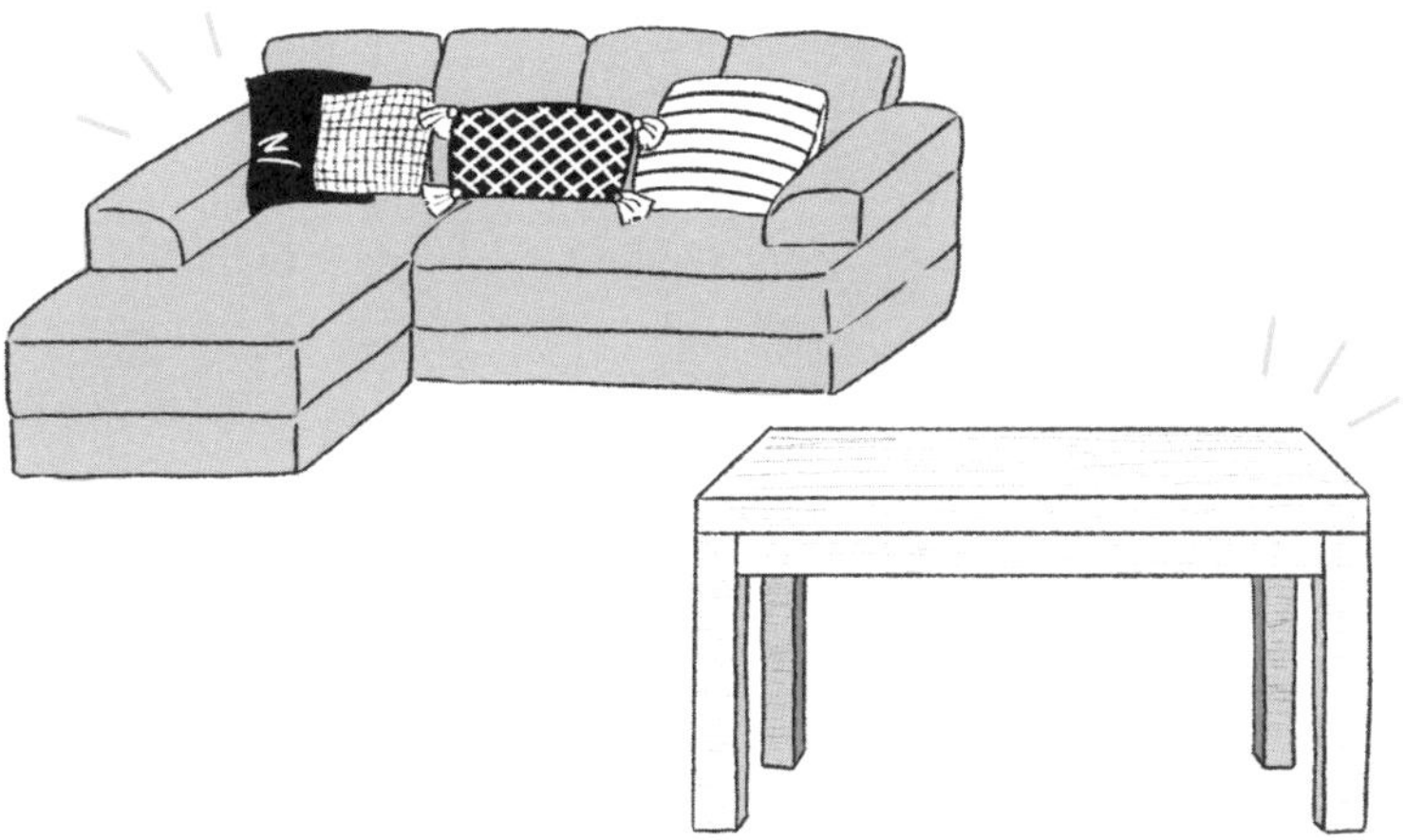

になるものを決めます。メインはソファのような家具でもいいですし、照明でも何でもかまいませんが、今回は、「コーヒーを飲みながら読書をするスペース」を例にして、実際のレイアウトの作り方を紹介していきます。

写真を撮りながらバランスを見て配置をする

アイテムが決まったら、バランスをとりながらインテリアを作っていく作業をしていきます。よく「バランスをとるのが苦手」という人がいますが、それは情報量が多すぎて、よくわからなくなっているだけです。

そこで、スマホで写真を撮って、限られた空間の中でのバランスを確認すると、裸眼で見ているよりもバランスに気づきやすくなります。

例えば、部屋の一角にメインとなるテーブルとイスを配置して、写真に撮ってみましょう。すると、足りない部分が見えてきます。ここで色が足りないとか、無機質な感じがする、というのであれば、観葉植物を右手前に置いてみるなどしてみます。

そして再び写真に撮ってみます。今度は、左奥上の空間が物足りない印象になるかもしれません。そこで、今度はその空間にグリーンを吊り下げてみるなどしてみます。ここでもう1回、写真を撮ります。他にも部屋の隅が暗く感じる、といったことが目に付くこともあります。その場合は、スタンドを置き、壁に照明をあてて光の演出を作るなどします。

これでほぼ完成ですが、最後はアクセントです。アクセントをつけることで、視線がそこに行くので、結果的に主役を目立たせることができます。今回の例でいえば、テーブルの上にアクセントとなる小物を置きますが、例えばソファがメインだとしたら、そこに風合いがあるクッションを置くことで、アクセントの周辺に雰囲気が出てきます。アクセントについては38ページでもお話をしていますが、このように、アクセントを効果的につけながら、主役を引き立てるようにしましょう。

Advice
09

壁紙をあきらめない

賃貸物件でも インテリアを オシャレに変えるコツ

参考動画

部屋の中のベースとなるものは、天井、壁、床です。この3つは面積としては一番大きくなるので、これらを変えると部屋の印象も大きく変わります。

自分が住んでいる家が持ち家の場合、実家であれば親に了解を得たり、自分の部屋であるなら、自由にネジ穴で壁に穴をあけて何かを飾ったり、壁にペンキを塗ったりしても問題がありません。

しかし、賃貸マンションやアパートの場合は制約があります。賃貸は他人の部屋を借りているわけですから、退去時には原状回復が原則です。そのための費用は敷金から数万から十万単位のお金が引かれる場合もあるので、壁紙を変えるのをあきらめている人も多いと思います。

しかし、壁紙を変えることでインテリアが自分の好みに変わり、気分よく過ごせることを優先し、最初から原状回復の費用を把握して、その分のお金を支払う前提で壁紙を変えるという選択肢もあります。

僕が調べたところ、6〜8畳で、3〜5万の費用がかかります。原状回復の時は、きちんとした業者さんに頼むことが大切ですが、自分で住んでいる間は、自分で壁紙を張るのも1つの方法です。

最近は、はがしやすい壁紙や、はがしやすい接着剤も売られています。

また、僕の動画の視聴者で、壁にマスキングテープを格子状に貼り、そこに両面テープを貼って壁紙を変えている方もいました。退去時ははがすだけなので、一面だけのアクセントにも便利です。

Point

おすすめの壁紙ショップ

WALPA	https://walpa.jp/
壁紙屋本舗	https://kabegamiyahonpo.com/

Advice 10

床にはクッションフロア

参考動画
フローリング色別コーディネートのコツ！オススメのインテリアテイストと解決方法

賃貸アパートやマンションのフローリングは、ほとんどの場合はニスがしっかり塗られたものが多いようです。たまに塩化ビニールのようなものにプリントした素材が使われているケースもあります。これは住む人が変わった際に、安く張替が可能だからですが、やはりお世辞にも見た目にいいとは言えません。こういった安っぽいフローリングが部屋のインテリアを台無しにしてしまう場合も少なくありません。そこで僕がおすすめなのは品質のよいクッションフロアを取り入れることです。

クッションフロアは白、黒、茶などの色が豊富ですし、経年変化の出ているビンテージテイストのものであったり、無垢材のようなナチュラルなテイスト、シャビーなアンティークテイストのものもあります。手軽に床を好みのフローリングに変更することができて便利です。

床は自分が立った状態や座った状態で視界に入るものなので、自分からの距離感は

150～160㎝です。壁ほど近くでは見ないので、クッションフロアでも十分、本物感が得られます。

そこで、自分好みのクッションフロアで床をカバーするように配置をします。設置は1人でも楽にできるタイプのものも販売されているので、気軽に床のイメージを変えることができます。

賃貸では100％自分好みのインテリアを作るのは、なかなか難しいことですが、少しでも自分好みのインテリアを取り入れることで、日々の満足度が上がります。

Point

クッションフロアを活用

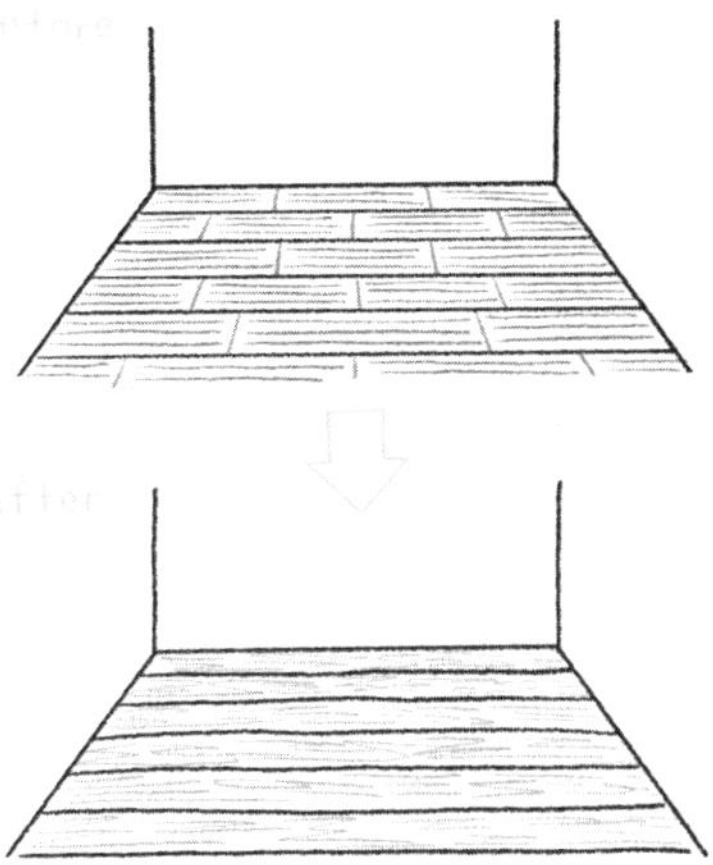

Advice 11

天井照明だけで頑張らない

知らなきゃ損する照明テクニック！ダサい部屋になる理由とオシャレなインテリアを作るコツ

参考動画

日本では天井にあるシーリングライトやペンダントライトなど、1灯で部屋全体を照らすスタイルが主流です。天井照明は明るいので便利ですが、上からの一方向の光になるので、単調になりやすくなるというデメリットがあります。

一方、欧米ではフロアスタンド、ダウンライト、フロアライト、スポットライトなどさまざまな照明器具を組み合わせて明るさを調整するのが主流です。これは、欧米人は瞳の色素が弱くて、強い光がまぶしすぎるためと言われています。特に日照時間の少ない北欧は、電球が直接見えない照明器具が多くなっています。

照明器具の使い方として、どちらがおしゃれかは、一目瞭然です。32ページでも光はインテリアの大事な構成要素であるとお話ししましたが、光に関係する照明器具もインテリアの要であるからこそ、むやみに取り入れると悪目立ちする可能性もあります。そこで、どう照明器具を取り入れるといいのか、説明していきたいと思います。

実用的な光と演出の光をバランスよく

照明には、①使う照明と、②見せる照明の2種類があります。

①の照明は、明るさを保つためのものです。スーパーやコンビニなどのように、商品がはっきりと見えるような照明です。インテリアで言うと、天井照明1灯で部屋全体を明るくしている状況です。

②の見せる照明は、インテリア全体を明るくするのではなく、ピンポイントで何かを際立たせたり、照明器具自体がオブジェとなっているものです。

Point

複数の照明器具を取り入れる

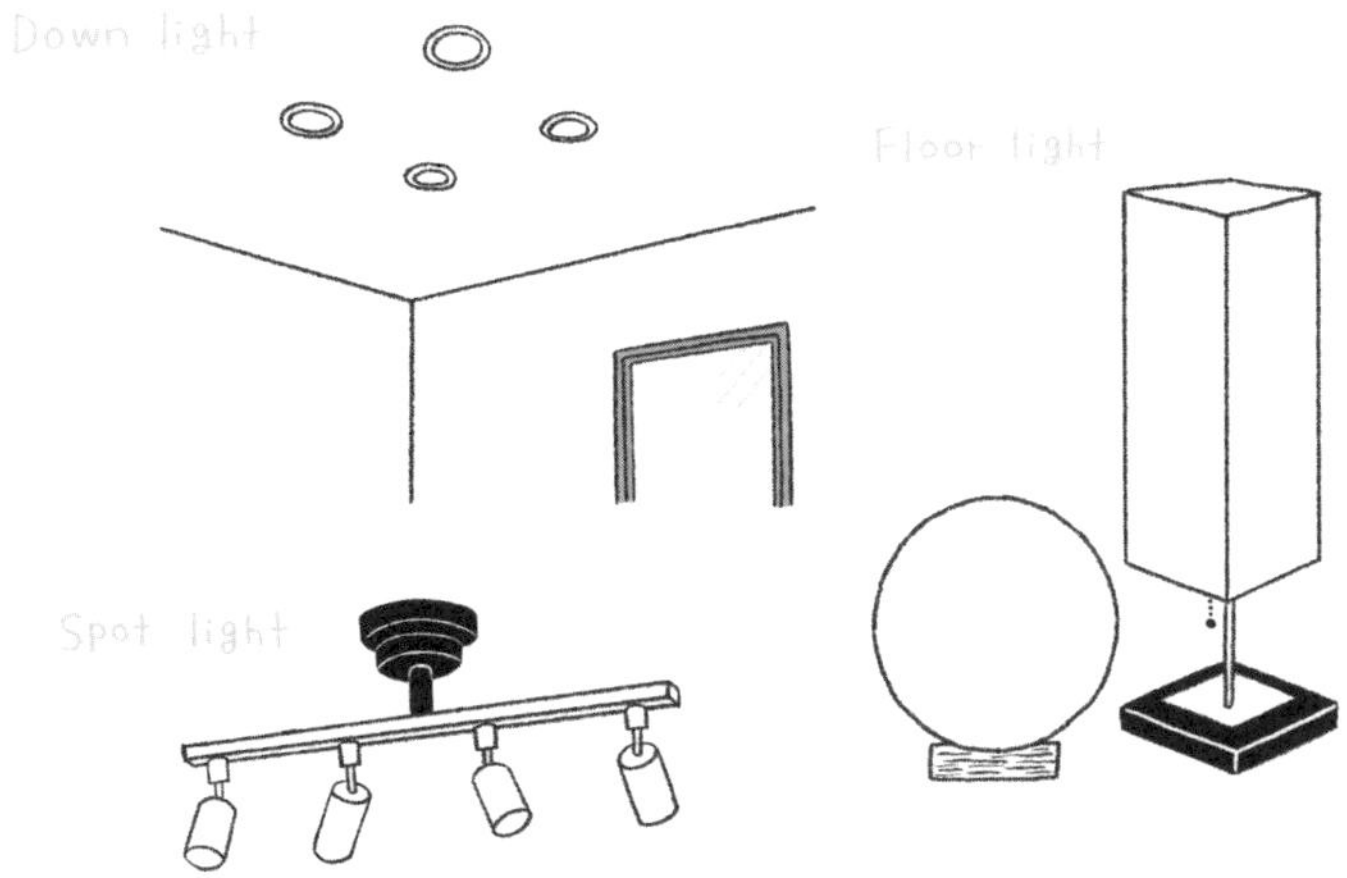

カフェやバーの雰囲気がよいのは、①と②の照明をバランスよく使っているからです。もちろん、お店によっても違いますが、見せる照明7：明るさのための照明3、ぐらいの割合で考えるといいでしょう。

自分の部屋の雰囲気がでないという人は、家具や雑貨のセレクトの問題だけでなく、照明の比率を①の見せる照明だけで100％使っている場合も考えられます。

光の種類と光の強さを考える

インテリアにおいて、照明を考える時にポイントとなるのは照明の光の種類です。光には大きくわけると、電球色、昼白色、昼光色の3つの種類があります。

電球色は黄色っぽい光で、昼光色はコンビニの蛍光灯のような青い光になり、昼白色は、電球色と昼光色の間の色で、日中の太陽の光が基準になっています。

次にポイントとなるのは光の強さです。これは、ワット数やルーメン数×シェード×距離の組み合わせで変わります。

ワット数は消費する電力で明るさを表す単位で、ルーメン数というのは最近主流のLED照明で使われている明るさの単位のことです。

例えば電球は、裸電球ではそれなりに明るい光ですが、シェードをすると柔らかい光になります。さらに、照らす対象から離して置けば暗く、近いと明るくなります。

昼光色で強い光は、自然光を含み、勉強をする時などに使います。電球色で弱い光は、優しい印象です。飲食店やバーなどに多い光です。

昼光色で弱い光は、薄暗い印象です。電球色で強い光は、家族団らんのようなイメ

Point

使う照明と見せる照明

使う照明	見せる照明
・全体を明るくするため ・商品などを見せるため 例 スーパー、コンビニなど	・ピンポイントで見せる ・照明器具自体を見せる 例 カフェ、バーなど

ージです。楽しい雰囲気ではありますが、おしゃれという感じにはなりません。

インテリア照明の種類と特徴

では実際に照明の種類と、光が上からあたるのか横からあたるのか、光のあたる向きについても見ていきましょう。（　）内に、光のあたる向きを書いてあります。

シーリングライト（上）…天井に直接ライトをつけて、そこから光をあてる。

ペンダントライト（上、横）…天井から吊して好き高さの位置で照明を作る。

フロアランプ（横）…スタンドがあり、比較的高い位置に光源があるもの。

テーブルランプ（横）…テーブルやキャビネットの上に置く照明。

ダウンライト（上）…天井に埋め込む小型の照明。

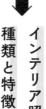

ブラケットライト（横）…壁に直接取り付けるタイプの照明。マンションの玄関ポーチや、ホテルの階段、廊下などによく設置されている。

上からの光の照度や光の強さを弱め、横からの光を増やすことで、雰囲気のあるインテリアを作ることができます。

さらに、照明器具が何でできているか、その材質も、部屋の印象を左右します。ウッドの照明は温かみが出て、どのインテリアとも比較的相性がよいと言えるでしょう。薄い木製のシェードで木目が美しく浮き出るようなタイプのものもあります。

金属の照明は、大人びたシックな印象です。無機質でシンプルなので、温かみのあるインテリアにプラスすると、ひきしめる効果があります。

プラスチック、カラー塗装など、色のある照明は、にぎやかでかわいいので差し色として、ポイントで使うこともできます。

また、和紙などでできている照明器具を取り入れると、ぐっと和風な雰囲気を作ることができたりします。

このように目的に合わせて、照明器具を選ぶようにしましょう。

Advice
12

プラス1アイテム活用術

部屋を見回して、「何かが足りない」と思った時、その「何か」を取り入れすぎてしまう場合もあり得ます。そしてそれが失敗のもとになっている人もいます。また、そもそもその選んだ「何か」が違っている人もいます。

まずは、冷静に自分の部屋に何が足りないかを考えてみましょう。もしかしたら、「メイン、主役」となるものが足りていない場合も考えられます。

まずはセンスの正体である黄金比を、もう一度見てみましょう。

①スペースの黄金比＝7：3
②アイテム（ディテール）の黄金比＝6：4
③カラーの黄金比＝7：2.5：0.5

スペースがあいているのであれば、家具や照明、植物、ディテールが足りないのであれば、照明や植物、カラーが足りないのであれば、アクセントとなるカラーをプラスするなどして、この黄金比に近づけるようにしましょう。

⬇ フロアランプはセンスアップの近道

プラス1アイテムでおすすめなのが、間接照明です。センスがある部屋には欠かせないアイテムと言ってもいいかもしれません。なぜなら、直接照明よりも間接照明のほうが、光の演出で雰囲気のある部屋を作ることができます。

フロアランプなどの光を天井に当てたり、壁に当てたりすることで、間接照明を作ります。

Point

プラス1アイテムを活用しよう

また、スポットライトのように、主役を照らしたり、主役の横に置くなどして、主役を強調させることもできます。照明の暗いレストランで、テーブルにキャンドルが置いてあると、とても雰囲気がよくなり、食卓が主役のように映えます。また、壁にかけたアートなどを照らしてもよいでしょう。

無機質な部屋には自然なものを

シンプルで無機質な部屋には、植物を置いたり、籐製の雑貨を置くなど、自然の風合いのものをプラスするようにしましょう。

植物は、鉢植えの観葉植物を床などの低い場所に置くだけではなく、エアプランツやビカクシダなどを天井から吊るしたり、窓際の高い位置に吊すなど、空間にディテールを足すときにもおすすめです。

また、壁がのっぺりとしている時は、アートを飾るといいでしょう。自分の好きな絵葉書や、洋雑誌の表紙などをフレームに入れるのもおすすめです。1点だけではなく、いくつか組み合わせてアートエリアとして部屋の主役にするのもいいでしょう。

部屋にアクセントカラーが足りていない場合は、自分の好きな色の小物をプラスしましょう。部屋のベースが白・黒・グレーといったモノトーンであれば、どんな色を置いてもかまいませんが、アクセントカラーは1つ、多くても2つぐらいに絞ると、ごちゃごちゃしなくなります。

また、同じ赤でもボルドーのような赤もあればオレンジに近い赤もあり、素材によっても質感が違います。例えば、クッションとランプシェードをプラス1アイテムとして赤の差し色で使う場合は、ビビット、ダークカラー、ペールトーン、パステルカラーなど、同じトーンで合わせると統一感が出ます。

インテリアは、高さのバランスも重要です。とくにソファ、ベッド、テーブルなどの家具を配置すると、腰から上の空間があいて単調になりがちです。そこで、そのあいた空間に、フロアランプやフェイクグリーンを利用し、高・中・低、すべての空間のバランスを調整するとよいでしょう。

Advice
13

形状と大きさ、サイズを知る

ソファ1つにしても、1人用、2人用、L字型と、さまざまな形や大きさがあります。当然、自分の部屋に入るものを購入すると思いますが、意外とみなさんが忘れているのが、部屋のレイアウトとのバランスです。

例えば極端な例ですが、6畳のワンルームの1人暮らしで、ベッド、ソファ、テレビ、ローテーブル、ダイニングテーブルを置いたら、倉庫のようになってしまいます。

このように、同じ大きさのソファでも6畳の部屋か8畳の部屋かでは印象が大きく違います。大きいソファを置くより、小さなソファのほうがリラックスした空間を演出できる場合もあります。さらに、同じ家具であっても天井の高さによって、雰囲気や印象が大きく変わります。大きな家具を買う場合は、スペースの黄金比＝7：3を目安にするとよいでしょう。

シミュレーションツールを利用してみる

　奥行き30㎝の本棚の隣に、奥行き60㎝のシェルフを並べたら、凸凹が目立ってしまい視線がそこに行ってしまいます。家具を買い足す時は、奥行き、高さなどをできるだけそろえることを意識しましょう。

　例えばＩＫＥＡのホームページでは、プランニングツールという無料のシミュレーションツールがあります。これを使うと、部屋の中でどれぐらいの存在感になるか、形や大きさの参考になるのでおすすめです。

Point

部屋のサイズを知っておく

Advice 14

統一感を出すのは色だけではない

参考動画
パッとしない部屋の対処法。統一感を出すテクニック4選

頑張っているけれど、何か「パッとしない部屋」の多くは、インテリアがバラバラしていて、部屋に統一感がないという場合があります。

当然、みなさんもインテリアを考える上で、統一感を気にされているでしょう。

統一感がある状態とない状態とでは、どういった違いがあるのでしょうか。

統一感がない部屋というのは、感覚的にインテリアを組んでいるケースです。それに対して、統一感がある部屋というのは、論理的に「ここに何を入れれば統一感がでるのか」と頭で考えてから組み込んでいます。

そのため、何も考えずにインテリアを組むと、なかなか統一感が出ません。

ただし、感覚もインテリアにおいては、とても重要な要素になってきます。感覚は、感性、個性の部分であるので、感覚でやっていると個性のある部屋になりますが、統一感という意味でのクオリティは低くなります。

また、論理的思考だけでも、個性のないインテリアになってしまいます。

よくあるのが、統一感を出すこと自体が目的化してしまい、統一感に縛られてアイテムを選んでしまった結果、統一感はあっても自分らしさがない部屋になってしまうというケースです。

統一感とはメインを際立たせるために出すもの

そもそも、統一感を出すのは、何のためでしょうか？

ごちゃごちゃとして余計なものをなくし、統一感を出すことで、メインのものや、デ

Point

統一感はあってもシンプルすぎる部屋はつまらなくなる

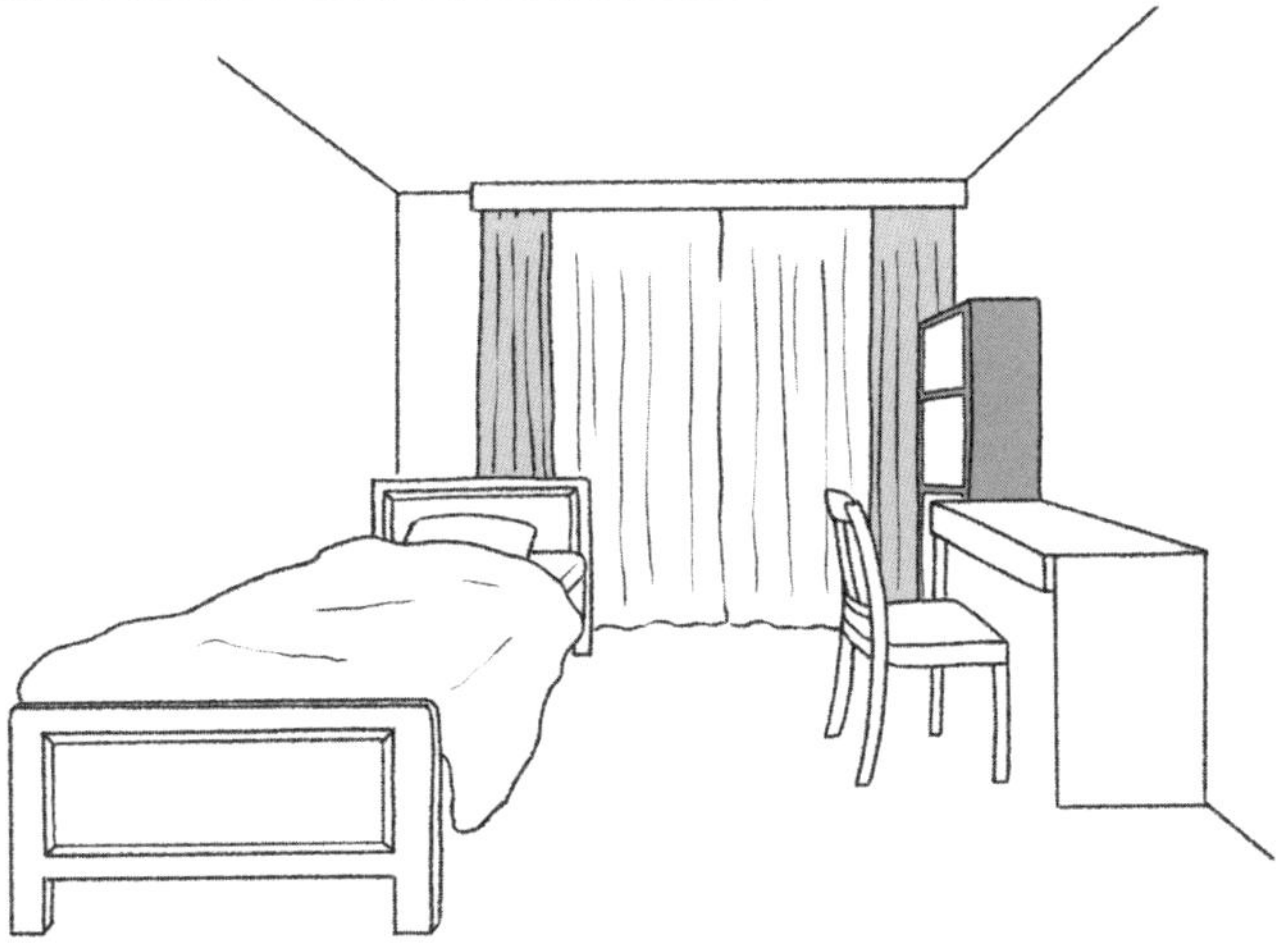

ィテールが際立ってきます。つまり、統一感を出すのは、部屋のメインや注目させたい部分を際立たせるための手段なのです。

ですから、統一感＝シンプルと考えてもよいでしょう。

シンプルとディテールの黄金比率と似ていますが、統一感を取り入れながらも、個性を出すというように、バランスのよいインテリアがおすすめです。

統一感を出す効果的な方法4つ

では実際に、統一感を出すにはどうしたらよいでしょうか。

その前にそもそも、この「統一感」というものを間違えてとらえている人もたくさんいます。例えば、統一感を出すには、全て同じアイテムやブランドでそろえればいいと思っている人が多いのです。実際は、プラスチックで合わせるとか、ウッドで合わせるというように素材をそろえることで、アイテムやブランド以外で統一感をそろえる方法なども、いくらでもあります。例えばダイニングのイスがすべて違う形でも、色を同じにすれば、統一感が出ます。

このように、素材が違っても色で合わせてもいいと思いますし、直線や曲線で合わせていくこともできます。

僕が提案する、誰でもまねしやすく統一感を効果的に出す方法は４つあります。

①配色による統一感
②素材による統一感
③連続による統一感
④整列により統一感

１つ目は配色です。

ほとんどの人が、統一感を出すために最初に思いつく方法が、この色を統一することではないでしょうか。

Point

統一感を出すための4つの要素

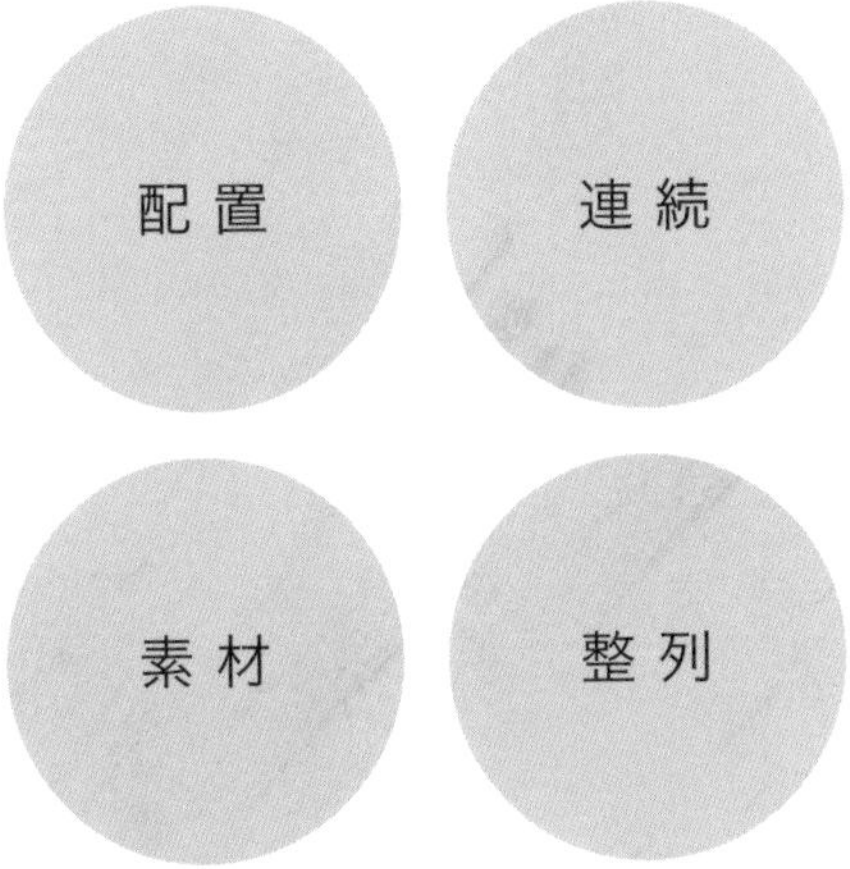

色をそろえるだけでも、全体的な統一感が生まれるので、これが一番わかりやすく統一感を出す方法でしょう。ただし、色をすべて同じにしてしまうと、とてもつまらない部屋になってしまうので注意が必要です。

2つ目は、素材です。

同じ素材で統一感を出すと、まとまりができます。

例えば、寝室でカーテンの素材、毛布の素材などがバラバラだと、統一感がありません。もちろん、ベッドと窓の距離にもよりますが、窓枠の側にベッドがある場合は、カーテンの素材と毛布カバーの色を合わせることで、1つのまとまりができ、統一感が出ます。

3つ目は、連続です。

これは同じものを連続して配置するということです。キッチンなど、調味料を同じ瓶でそろえて並べる人が多いと思いますが、同じものを並べることで連続性が出て統一感が生まれます。

僕は以前、プラスチックの買い物かごをキッチン棚の上に6個×2段に並べていました。1つ1000円程度のカゴで、1点1点が高くないものでも、連続させることで統一感が生まれます。

これは、見せる収納や雑貨などにも応用ができます。

4つ目は、整列です。

これは、連続にも少しつながる部分がありますが、縦と横の線をそろえることです。例えば、ベッドフレームの高さ、サイドテーブルの高さ、壁際に置いてあるボードの高さを揃えるなどです。

他にも、壁に絵を何枚か飾るときも、額縁の大きさは大小ランダムであっても、縦と横がそろっている部分があると、統一感が生まれます。

これらの4つを意識しながら、異なる素材をあえて使ったり、ディテールを出していくとよいでしょう。

Advice 15

人工的なものが多くて冷たい印象になる

パイプベッドや、スチールのキャビネットなど、表面積が大きいものが無機質だと、人工的な印象になるというのもよく聞く悩みです。

基礎編の素材のところでも詳しく説明をしましたが、工場の大量生産品のようなものも人工的な印象を受けます。

そこで、人工的なものと対極にある、自然なもの、ナチュラルなものをプラスして、19ページでも紹介したマトリクスの真ん中のおしゃれゾーンに近づける作業をしてみましょう。

例えば、同じ器でも、大量に作られた市販品は冷たい印象になりますが、陶芸品のように、多少いびつな感じがある器は、ぬくもりのある優しい印象になります。このように、アイテムそのものよりも、素材、質感などを重視することがポイントです。

温かみのある素材を置き居心地のよい空間にする

例えばヴィンテージの味のあるウッドテーブルをプラスしたり、ファブリックやレザーのような質感のある素材でできたソファやクッション、ラグなどをプラスしてみてください。

作りのよいフェイクグリーンなどを自分がいつもいる定位置から近いところに置くというのもよいでしょう。そうすると、全体的な部屋のイメージはスタイリッシュな印象を保ちながら、自分の周辺は温かみがあって、居心地のよい空間になります。

Point

素材感などのあるものをプラスする

Advice 16

シンプルすぎる場合には

参考動画

うまくいかない部屋の対処法。部屋を魅力的にする個性の出し方

「雑誌や本、ネットなどの情報を参考にしてインテリアを作ってみたけれど、なんとなく部屋が普通でつまらない」という悩みをよくいただきます。

原因は「おしゃれな部屋にする」ための解決法が、巷でたくさん出回っていて、平均値があがっているからです。そのため、そのやり方通りに実践してみると、整然としていてルールにのっとってはいるものの、つまらない部屋に行き着いてしまうのです。

では、このような統一感はあるけれどつまらないインテリアは、どうすればおしゃれなインテリアにすることができるでしょうか。

その答えは簡単です。

「統一感はあるけれどつまらない部屋」の対極にあるのは、「個性はあるけど統一感のない部屋」です。そこで、シンプルな部屋には個性を足して、この2つの真ん中にくるようなバランスにするといいでしょう。

自分のテンションが上がるものをプラスする

例えば、色の統一感を意識して、余計な色を入れないようにしている場合は、イスの座面だけにピンクや黄色など、自分が好きな色をもってくるといった方法もいいでしょう。

壁紙を1面だけ違う色に張替えたり、壁にお気に入りのアーティストの一点物のアートを飾ったり、キャビネットの上に、自分が飾りたい好きな雑貨を置くのもおすすめです。

Point

個性のあるアイテムをプラスする

Advice
17

アクセント選びを間違わないために

これを意識するだけでオシャレなインテリアが作れます

参考動画

コーディネートの基本的な考え方として、ベースカラー、メインカラー、アクセントカラー、この3つのカラーを意識することが大切です。

メインカラーは、椅子やテーブルなどの大きめのアイテムや、カーテンやラグといった面積の多いアイテムになります。これらは個性の出しどころなので、好きな色を選んでかまいません。ただし、派手にしすぎたり、暗くしすぎたりしないようにするのがポイントです。例えば黄色でも発色のよい黄色ではなく、マスタードカラーのような落ち着いた色にしましょう。

ベースカラーは、壁・床・天井などです。メインを際出せるためなので、白、グレー、ベージュなどのニュートラルカラーにしましょう。中でもグレーは、他の色とケンカをせず、白が美しく見え、他の色が際立って見えるのでおすすめです。

アクセントカラーは小物で使う

アクセントとは、ファッションでいうとアクセサリーのようなものです。例えば、ファッションではネックレスにゴールドやシルバーがあるだけで、全体がおしゃれに見えます。

ですから、アクセントは、雑貨、クッションなどの小物を使います。アクセントカラーはゴールド、メタルのように素材として目立つものや、赤、青、黄のような発色がいいもの、白に対して黒のようにコントラストが強いものを選びましょう。

Point

小物でアクセントを

Advice
18

目的別ショップ活用術

参考動画

IKEA？ニトリ？失敗しない
インテリアアイテムの選び方のコツ

インテリアアイテムを購入しようと思ったらまず思い浮かぶのがニトリ・ＩＫＥＡ・無印良品ではないでしょうか？　僕の動画でもこの前者2店のレビューを多くアップしています。この3店だけでもそれぞれ個性が違ったり、アイテムで得意分野があったりします。

例えば、北欧発のＩＫＥＡは、照明やラグに強いのが特徴です。家で過ごす時間が長く、まぶしさに弱いため間接照明を多用するインテリアとなっているので、照明器具が充実しています。またラグは、土足文化なので、とても丈夫にできています。

ニトリは国産のブランドなので、日本人の暮らしに合ったサイズ感のものが多く、涼感がある、花粉を寄せ付けないというような機能性を追求したものがたくさんあります。

無印良品は、収納商品の種類が豊富で、メインの家具を買うというより、部屋のベース作りにぴったりです。主役はいませんが、いい脇役がそろっているというイメージです。

他にも、最近僕が注目しているヴィンテージ系インテリアが充実しているクラッシュゲートは、木に強い関家具が運営しているので、サイドボードやテーブルなどの木製品がおすすめですし、ワーキングチェアなら大塚家具が種類豊富です。

他にも、インテリアショップは日本中に数多くあり、アンティークに強い店、アメリカ系のインテリアが充実している店など、それぞれ個性があります。

目的とお店の特徴を意識すると、いいも

Point

ショップにはそれぞれ個性がある

のをお得に買うことができます。

アイテムは、できれば直接自分の目で確認を

インテリアは、直接、自分の目で見たり触ったりして素材を確かめてから購入すると、失敗が少なくなります。

しかし、地方に住んでいたり、お店のホームページからしか購入できないという場合も多いでしょう。

サイズ感や、存在感はメジャーで測ったり、例えば同じ容積の段ボールを部屋に置くなどして確かめることはできますが、素材感はなかなかわかりません。そこで手持ちのお気に入りのアイテムが、どんな素材でできていて、どんな加工がされているかを知っておくとよいでしょう。

例えば木製の家具の場合、素材が無垢材なのか合板なのか、そして無垢材の場合、木の種類は何なのかを知っておくとネットで購入する場合にも、ある程度は失敗する

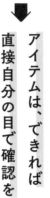

リスクを減らすことができます。

またアンティーク系のアイテムはネットでも探せますが、見る目がないと失敗してしまう可能性もあるので、信頼のあるネットショップで購入するか、実際に足を運んでみるとよいでしょう。

例えば、関東近県に住んでいる場合は、1日かけて渋谷&目黒家具ツアーをしてみるのも一つの手。渋谷ではニトリ、無印良品、IKEAといった大手インテリア系を一度に回ることができますし、目黒は個性的なショップが集まっています。一度実物を見ると雰囲気がつかめますし、質感、機能性など、店のレベル感もわかるでしょう。

Point

ネットもうまく活用しよう

ニトリ

僕がよくとりあげているニトリとＩＫＥＡ、加えて無印良品について個別に紹介していきたいと思います。

ニトリは、品質を重視した商品開発をしています。

一般向けのデザインを安価で提供しているので、部屋のベースとなるようなシンプルな家具や雑貨が充実しています。

特にキッチンまわりのアイテムや、ベッド、シーツ、カーテンなどに機能性が優れているものが多くおすすめです。反対に、ラグや照明など、部屋のディテールで使いたいアイテムは、種類が少なめです。

そんな中、僕がイチオシなのが、フェイクグリーンです。他のインテリアショップはプラスチックを組み合わせているだけで、いかにもフェイクで安っぽく見えてしまうのですが、ニトリのフェイクグリーンは、ディーテールまでこだわって作られており、本物と比べて遜色ないぐらいよくできています。

⬇ DIYにも利用できる

また、ニトリのデザインはシンプルで安価なので、DIYにも使えます。

例えば僕は、部屋に統一感を出すためにニトリの2000円ほどのシンプルな時計やフラワーベースに、塗るだけで金属のような質感に変わるターナー色彩のアイアン塗料をペイントしてアンティーク風に仕上げたりしています。

Point

全国に店舗を展開

ＩＫＥＡ

デンマークを中心としたいわゆる北欧系の家具はデザイン性もよく、値が張るものも多いのですが、その中でスウェーデン生まれのＩＫＥＡは、最低限の品質を保ちながら、デザイン性を高くし、手頃な値段で提供しています。

ＩＫＥＡは、なんといっても照明のバリーションが豊富です。日本は照明の多い家具屋さんが、意外と少ないので重宝します。

また、ラグは１００種類以上あり、金額に対しての品質が圧倒的に高く、コスパが最高です。ラグの一般的な素材はポリプロピレンという人工素材ですが、ＩＫＥＡだとウールのような天然素材のラグも見つかります。

また、他におすすめなアイテムの１つが、低価格帯のキャビネットです。他のインテリアショップでは10万円ぐらいの価格帯になるアイテムも、ＩＫＥＡなら３万円以下で、デザインも色みも違うものがたくさん見つかります。

コーディネートで勝負する

ＩＫＥＡの商品は、単品として見るとモノとしての魅力が少ない場合もありますが、ファストファッションのように組み合わせてこそ真価を発揮します。

家具全部がコーディネートを前提とした作りになっているので　相性のよいもの同士をうまく組み合わせれば、ＩＫＥＡだけでおしゃれなインテリア空間を作ることができます。

Point

安価でおしゃれなものがそろう

無印良品

無印良品はニトリやＩＫＥＡよりも値段が少し高めですが、品質がしっかりとしています。無印といえば収納家具を思い浮かべる人も多いですが、収納家具に使われている素材は、ニトリやＩＫＥＡに比べると高級感があります。見せる収納をする場合は無印良品が強いのではないかと思います。

オンラインサイトではサイズを入れると、適当な収納家具をリコメンドしてくれるので、そういったサービスを利用してみるのもおすすめです。

また、収納だけでなくカーテンやソファのファブリック類も、しっかりした素材のものが多いのも特徴です。風合いもあるので、ナチュラル系のインテリアでは欠かせないブランドとも言えるでしょう。

テーブルやベッドなどの家具から収納家具まで、無印良品の木目はいくつかの種類で統一されているので、部屋のベース作りに向いています。ごみ箱に至るまで同じ素材を使ってるので、統一感が出しやすくなります。

海外メーカーとのコラボやリノベーションも手がける

他にも無印良品ではTHONETというドイツの曲げ木で有名な家具メーカーとコラボしたり、家をスケルトンにしてからリノベーションをする「MUJI INFILL 0」なども展開しています。これは暮らしの原点をゼロから作り、自由にパーツやアイテムを足していくという発想です。住み心地を重視しながらおしゃれな空間が作れます。

Point

実用的かつ見せる収納に向いている

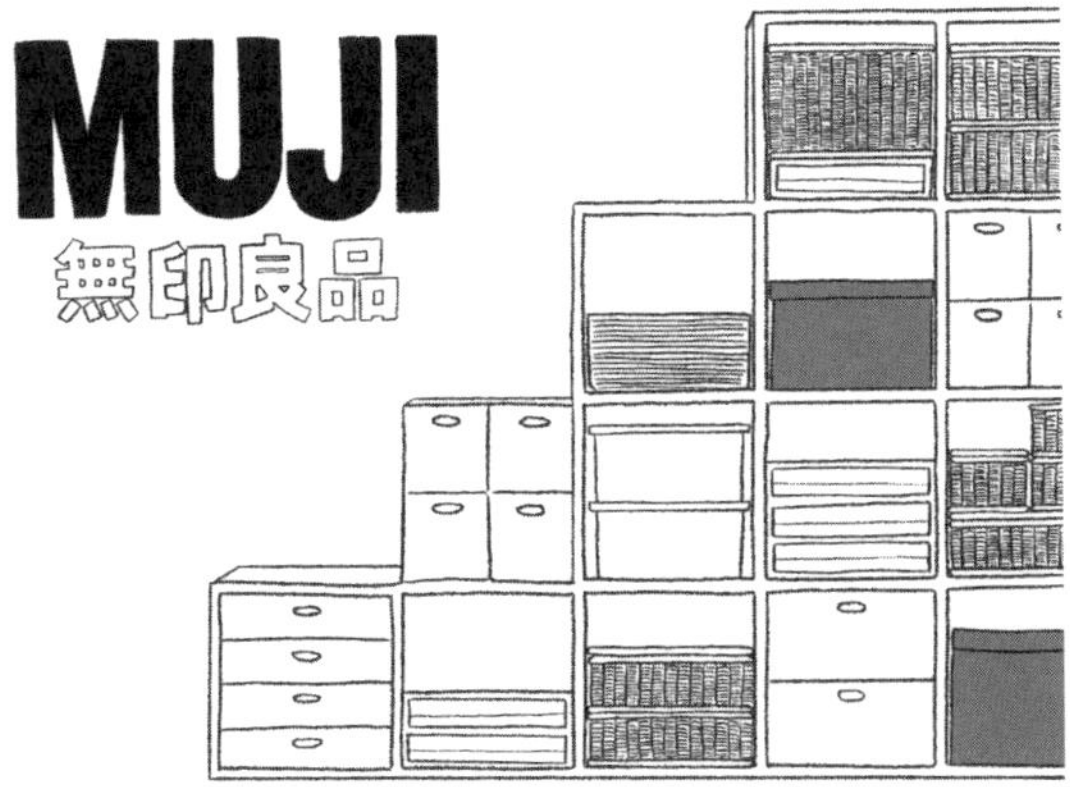

おすすめショップ

ニトリ、IKEA、無印良品は全国展開をしているので、商品を手に入れやすいですが、それ以外にもおすすめのブランドはたくさんあります。

こだわり系

ZARA HOME

世界最大のアパレル企業、ザラのインテリア専門店です。ファッションでもいち早くトレンドのものを安価で販売しており、インテリアでもトレンドアイテムを豊富に揃えています。表参道にフラッグシップがあり、郊外はららぽーと系のモールに全国で12店舗ぐらいありますが、ネットにしかない在庫もあります。

ガラスを使った小物やサイドテーブルなどがおすすめです。素材感に複雑性が高いものが多く、映える物が多いので、ディテールをプラスする時に使えます。

クラッシュゲート

家具で有名な福岡県大川市で、木製品が得意な家具屋さんが運営しているブランドです。ヴィンテージ系インテリアで、テーブルや収納棚など木の面が大きいものがおすすめです。

食器棚、サイドボード、テーブルなど、品質に対しての割安感があります。値段自体が安いわけではありませんが、他のショップでは15万円ぐらいするようなものが、10万円程度で買うことができます。

HAY

デンマーク発のショップです。全国展開はしていませんが、収納グッズやテーブル、イスなどがおすすめです。IKEAともコラボしています。

大塚家具

照明も充実していますが、特におすすめはワーキングチェアです。品数が多く、有名なワーキングチェアであるアーロンチェアを日本一売っているのは大塚家具新宿店だそうです。

ACTUS

名作インテリアも置いてあり、オリジナルも一部あるので、セレクトショップに近い店です。ベースを作るなら無印良品などで、メインを買うのはＡＣＴＵＳといった使い方をする人も多いと思います。

IDEE

シンプルながらも少しデザイン性だったりラグジュアリー感のあるインテリアアイテムが割と手ごろな値段で購入することができます。新作商品はトレンド感を入れつつ、普遍的なデザインに落とし込んでいます。

NOCE

ソファの種類がとにかく多く、お得にソファを買いたい時におすすめです。商品ラインナップの半分ぐらいがソファになっています。すごく安いものから、少しいいものまで豊富にそろっています。

MOMO NATURAL

ウッド系のナチュラルなものを探す時に便利です。値段は安くはないですが、長く使えそうな飽きのこないものが多くそろっています。

ECサイト

FLYMEe

ネットの世界では有名なセレクトショップです。インテリア版のZOZOTOWNといったイメージです。手軽に購入できるものから、少しグレードの高いデザイナーのものまで取りそろえています。こんなイメージのものがほしいと固まっている人は、ぴったりのものが見つかるかもしれません。

arenot

実店舗もありますが、サイトが充実しています。こちらも名作家具や照明など、有名デザイナーのオフィシャルな作品を購入できる店です。イームズ、ジョージネルソン、柳宗理といったミッドセンチュリー系の家具がたくさんあります。

ヤマギワ

照明器具メーカーのヤマギワが運営しているサイト。照明器具が充実しているのはもちろんのこと、それ以外のアイテムも豊富にそろっています。

アンティーク系

THE GLOBE

三軒茶屋と池尻の間の三宿にあるアンティークショップです。アンティークもいいものが置いてありますが、アンティーク家具に似合うアンティーク風の照明も数多く取りそろえています。

ANTISTIC

ヨーロッパ系のアンティークを扱う店。特にイギリス、フランス、ドイツなどの工場で使われていたインダストリアル系が充実しています。

ARKESTRA

アメリカ系のアンティークの店。大きくてデコラティブ、そしてポップ&遊び心のあるものがそろいます。キャラクターなどのモチーフがあるのも特徴です。オリジナルの家具も販売しています。

ANOTHER LIFE

富山県のアンティークショップ。セレクトもよく種類豊富で価格も良心的。収納家具も多く取り扱っており、探していたアイテムがみつかる可能性も。

おすすめショップリスト

・大手チェーン系

ニトリ	https://www.nitori-net.jp/ec
IKEA	https://www.ikea.com/jp/ja
無印良品	https://www.muji.com/jp/ja/store

・こだわり系

ZARA HOME	https://www.zarahome.com/jp
CRASH GATE	https://crashgate.jp
HAY	https://www.hay-japan.com
大塚家具	https://www.idc-otsuka.jp
ACTUS	https://www.actus-interior.com
IDEE	https://www.idee-online.com/shop
NOCE	https://www.noce.co.jp
MOMO NATURAL	https://momo-natural.co.jp

・ECサイト

FLYMEe	https://flymee.jp

・デザイナーズ系

arenot	https://www.arenot.com
ヤマギワ	https://shopping.yamagiwa.co.jp

・アンティーク

THE GLOBE	http://www.globe-antiques.com
ANTISTIC	http://www.antistic.com
ARKESTRA	https://www.arkestra.co.jp
ANOTHER LIFE	https://another-life.jp

Advice 19

部屋作りに正解はない ゴールがあってそこに向かっていく

僕は、動画で視聴者の方からよく質問をいただきます。「おしゃれな部屋にするには、壁紙を何色にしたらいいですか？」「6畳の場合は、どういうインテリアにすればいいですか？」といったようなものも多くて、答えが簡単にあると思っている人がとても多いなと感じます。

自分が納得のいくインテリアの正解は1つではありません。

インテリアは、旅行プランを考えるのと似ています。まず目的地を決めて、そこで何をしたいのかが明確でないと、どこに泊まればいいのか、交通手段は何を使えばいいのかといったことを決めることができません。

インテリアも目的が決まらない状態で手段を考えてもしょうがないのです。まずはどんな部屋にしたいのか。目的地を明確にすることです。

目的地をどうやって決めるか

では、目的地、つまりゴールはどうやって見つければよいのでしょうか。

恐らく、大部分の人が、漠然とした「おしゃれな部屋」をイメージしているのではないでしょうか。そうではなく、まずは自分のライフスタイルを考え、自分が部屋でどう過ごしたいかを明確にすることです。

自宅の中でリビングは、なんとなくくつろぐスペースとしている人が多いと思います。しかし、リラックスをして本を読みたいという人と、映画鑑賞をしたいという人

Point
まずは目的地を決めよう

では、同じリビングでも家具の選び方から空間の作り方まで、その方法論は全く違うものになってきます。

そして、目的やテーマを明確にしたら、「自分の理想となる画像」を見つけましょう。例えば、ピンタレスト、インスタグラム、さらにはインテリア雑誌を見たり、実際にインテリアが参考になるお店に行くのもよいでしょう。特にカフェや飲食店は、インテリアにこだわっている店も多く、コーディネートがとても参考になります。

とはいえ、「集まった画像がバラバラすぎて、何が理想なのか、自分でもよくわからない」という人もいるかもしれません。

しかし、例えば、同じ生活をして、同じところを歩いていても、その人の興味によって反応するものと反応しないものがあります。雑誌や画像を見ていても、自分の興味・関心があるものには、自然とアンテナに引っかかり、そうでないものはスルーします。

集まった画像を見比べて、共通するものを自分で抽出してみましょう。この作業を繰り返すことで、おのずと自分のゴールが見えてきます。そこで初めて、目的に合う手段を選べるのです。

インテリアのルールは考え方が大事

例えば、「壁紙＝白」というのは、みなさんが選びがちなパターンですが、これは正解でもあり、不正解でもあります。必要なのはなぜ壁紙を白にしたかということ。他に目立たせたい家具があるからか、同じ白い壁紙でもレンガ調や木目にすると、壁紙自体の存在感がアップします。壁紙を主役にしたり、アクセントをつけたいのであれば、当然、グリーンやイエローにしてもかまわないのです。

これまでお話してきたように、空間のバランス、シンプルとディテールのバランス、色のバランス、光のバランスなど、常に自分の部屋のゴールを念頭におき、自分の部屋には何が足りないかを考え、全体のバランスをとるようにしましょう。

自分の暮らしている部屋の目的は何か、その目的を達成するのにどんなインテリアがいいのか、どうバランスをとるかは十人十色。答えは自分で見つけるものです。

Advice
20

センスは引き出しの量 ~経験の積み重ね

僕は、センスのある人というのは、「引き出しの数が多い」人ではないかと考えています。センスのよい人は、たくさん引き出しを持っていて、それを応用しているのだと思います。センスの「あり・なし」ではなく、経験の積み重ねです。経験の積み重ねが多くなると、どんどん引き出しが増えていきます。

例えば、料理人も、包丁の使い方、食材の扱い方、調味料の組み合わせなど、経験を積み重ねることで腕が上がるわけです。

では、インテリアの引き出しを増やすためには、どうしたらいいか。それは、おしゃれなインテリアや、理想のインテリアを見て、自分で「分析、解析、応用する」ことです。

例えば、おしゃれなカフェに行ったとき。ただドリンクをオーダーするのではなく、家具の選び方や配置、自然光や照明の取り入れ方についても目を向けてみましょう。

するとインテリアを観察する目が育っていきます。

そうやって経験を積み重ねていくことでインテリアのセンスの引き出しが増えていきます。

例えば「直線を多用していて、照明の球体とのコントラストがいいな」「タイル使いが上手」「ウッド、レザー、大理石がディテールになっている」「緑と茶色のアースカラーで優しいナチュラルな印象にしている」「照明は連続させて使っている」というように、1つひとつ自分でインテリアを分解し、そのエッセンスを自宅では、どう応用できるか考えるとよいでしょう。

Point

センスの引き出しを増やしていこう

Advice
21

70点の部屋を目指す

自分の理想である部屋を１００点満点だとしたら、僕は、この本に書かれていることを実践することで、誰でも70点の部屋は作れると思っています。

センスの正体を知り、インテリアの黄金比やインテリアの基本的な理論を実践すれば、「センスがない」と思っている人でも、そこそこおしゃれな部屋が作れます。

ですから、まずは70点の部屋を目指すことから始めましょう。

そして、自分なりに試行錯誤をして経験を積むことで、だんだんと自分の理想の部屋に近づいていくことができます。

かくいう僕も、最初から１００点満点のインテリアを作れたわけではありません。たくさんの「しまった」という経験をしてきましたし、今でも１００点満点の部屋ではありません。

理想の部屋はライフスタイルとともに変化する

また、インテリアは、自分のライフスタイルと密接に関係しています。

例えば、リモートワークになったり、料理やアクアリウムなどの新しい趣味ができれば、当然、それに合わせてインテリアも変わります。家族が増えたり、子どもの成長によっても、理想は変わるでしょう。

このように、インテリアは、ライフスタイルとともに、常に変化し続けるものです。

インテリアを楽しみながら、ぜひその時々で、理想の部屋を目指してください。

Point

まずは70点の部屋を

おわりに

この本を最後まで読んでいただきありがとうございます。

おそらく、この本を手に取ってくださった方は、
みなさん、おしゃれな部屋に住みたいと思っているはずです。
そして、これまでもインテリアの本や雑誌を買って
自分なりに試行錯誤をしてきたのではないでしょうか。

これまで、なぜ満足のいく部屋が作れなかったのか？
それは、今まで、みなさんが誰かの答えをまねしていただけで、
自分なりの感覚だけでアイテムを選んでいたからです。

僕がこの本でみなさんに伝えたかったことは、
みなさんが自分で答えを見つけるための方法論です。

例えば、本書では、「インテリアの黄金比」という考え方をお伝えしました。
これは、自分の部屋に何が足りていないのかを考えるための理論です。
そして答えを自分で探して、自分の部屋にぴったりの
正解のアイテムをプラスしてほしいのです。

僕が伝えたいのは、
「ソファの横にはスタンドライトを置きましょう」といった
ステレオタイプの具体論ではありません。

繰り返しになりますが、
自分が過ごす部屋にはどういう目的があって、
どういうものをプラスすればいいのか、なにをマイナスすればいいのか。

自分の好きな事、満足する部分をはっきりさせ、
最終的には、住む人が心地よく住めればいい、
それが最終的なゴールだと思っています。

「住」というのは衣食住の中でも、
生きるか死ぬかに遠い事柄かもしれません。
納得のいかないインテリアの部屋に住んでいても、
おしゃれではない部屋に住んでいても死ぬことはありません。

そしてインテリアというのはこだわらなければ

それはそれで済んでしまう分野です。
でもせっかくの一度きりの人生、
自分が納得いくおしゃれな部屋に住んでみたいとは思いませんか？
そうしたら人生がもっと豊かで楽しいものになるはず。

僕のお伝えしてきた理論が、
少しでもそういった部屋作りの手助けになればと思っています。

２０２１年３月　崇島　亮

Staff

デザイン・DTP
池田香奈子

イラスト
Akira Ayumi

編集
長谷川 華(はなぱんち)

編集協力
下関崇子

※本書は2021年3月現在の情報をもとに制作しています。

Profile

崇島 亮

Ryo TAKASHIMA

YouTubeチャンネル「クリエイティブの裏側」主宰。アートディレクター。1982年、神奈川県生まれ。専門学校卒業後、デザイン事務所、アパレルのインハウスデザイナーを経て独立。2019年9月に、インテリアなどライフスタイルについての情報を配信するチャンネルを開設。1年を待たずに登録者数5万人を超え、さらに10万人を突破。総再生回数は1100万回（2021年3月現在）。

YouTube　クリエイティブの裏側
Twitter　@mrito1952
Instagram　@the_creative_back_side

センスにたよらない

感《かん》じて、考《かんが》えるインテリア

2021年4月25日　第1刷発行

著　者　崇島《たかしま》 亮《りょう》
発行者　島野浩二
発行所　株式会社双葉社
〒162-8540
東京都新宿区東五軒町3番28号
TEL (03)5261-4818（営業）
(03)5261-4869（編集）
http://www.futabasha.co.jp/
（双葉社の書籍・コミック・ムックが買えます）
印刷・製本所　大日本印刷株式会社

ISBN978-4-575-31616-2 C0076